DK TRAVEL

TOP 10
ESTAMBUL

AF277086

CONTENIDOS

44

Lo mejor
de Estambul

64

Recorridos

106

Datos útiles

ESTAMBUL

DESCUBRIENDO

El puente Gálata y el Cuerno de Oro

BIENVENIDO A
ESTAMBUL

A caballo entre Europa y Asia, Estambul es el lugar donde todo se encuentra: continentes, cristianismo e islam, el arte de Oriente y Occidente... No te pierdas nada. Disfruta de lo mejor de la ciudad con la ayuda de la guía Top 10 Estambul.

"Si a un hombre se le diera la posibilidad de echar una sola mirada al mundo, debería ser a Estambul". Son palabras del estadista y poeta decimonónico francés Alphonse de Lamartine. Pocas ciudades han presidido un imperio, pero Estambul lo ha hecho en dos ocasiones, cuando fue capital de los imperios otomano y bizantino. Esos periodos dotaron a la ciudad de una belleza y diversidad únicas en el continente. Un paseo por el barrio histórico de Sultanahmet permite ver Santa Sofía, una de las mezquitas más imponentes del mundo, y el palacio Topkapi, la

De compras en el Gran Bazar de Estambul

suntuosa residencia del sultán. En otra zona, el puente Gálata, medieval, pervive junto a los sencillos bloques del Museo de Arte Moderno de Estambul.

Pero, por encima de todo, Estambul es un crisol de culturas, donde aún se pueden encontrar caravasares escondidos en callejones, y comprar azafrán y capullos de rosa en uno de los mercados cubiertos más antiguos del mundo. Aquí, el misticismo ancestral –en forma de derviches sufíes que giran sobre sí mismos– se mezcla con locales modernos y las galerías de arte de Karaköy. Este es un lugar donde coexisten lo antiguo y lo nuevo, la tradición y la innovación, una ciudad en la que musulmanes,

cristianos y judíos viven codo con codo, donde los rascacielos comparten la silueta de la ciudad con cúpulas centenarias, minaretes y palacios otomanos, y los cafés familiares están tan de moda como los elegantes bares en las azoteas. La banda sonora es la llamada a la oración desde las mezquitas y el graznido de las gaviotas que sobrevuelan los ferris que cruzan el estrecho del Bósforo.

Esta guía Top 10 reúne lo mejor que Estambul puede ofrecer, con sencillas listas con las 10 mejores opciones, consejos de expertos y mapas y planos detallados, que hacen del viaje una experiencia extraordinaria.

HISTORIA DE
ESTAMBUL

Cruce de caminos entre Europa y Asia, Estambul ha sido la capital de dos imperios poderosos. Esta animada ciudad, a la que dieron forma los bizantinos, los romanos y los otomanos, se ha convertido en la metrópolis más grande de Europa. He aquí su historia.

En las costas de la actual Estambul se han hallado objetos que datan de hace unos 8.000 años, pero el asentamiento más antiguo es de en torno a 5.500 años antes de Cristo. En torno al año 1000 a. C., los tracios, un pueblo del sureste de Europa, se asentaron en una ciudad llamada Ligos, cerca de lo que hoy es el palacio Topkapı, en el lado europeo. Bizas el Griego, rey de Megara, construyó una acrópolis en el 660 a. C. sobre las ruinas tracias y la llamó Bizancio, en lo que constituye el primer registro de la historia de la ciudad.

En el año 70 a. C. pasó a formar parte de la República romana (precursora del Imperio romano), pero siguió siendo una ciudad independiente hasta el año 193, cuando Septimio Severo dio un golpe de Estado y se desencadenó una guerra civil de dos años. Los dirigentes de Bizancio apoyaron al hombre equivocado, la ciudad fue asediada y quedó en ruinas. Cinco años más tarde, Septimio la reconstruyó y la llamó Augusta Antonina, en homenaje a su hijo.

Auge de los bizantinos

La lucha por el poder que siguió a la abdicación del emperador Diocleciano en el año 305 la ganó Constantino el Grande. Unió los imperios oriental y occidental y eligió Bizancio como nueva capital en el año 324, llamándola "Nova Roma" (Nueva Roma). En su honor, en el año 330 se la rebautizó Constantinopla, un nombre que perduró hasta 1930. Para revitalizar la ciudad amurallada, Constantino donó tierras a los nobles, ofreció raciones de comida gratuitas y trasladó desde Roma obras de arte y estatuas, entre ellas el Obelisco de

El Obelisco de Teodosio y el Hipódromo

El Ejército otomano toma la ciudad durante la caída de Constantinopla

Teodosio, que es todo lo que sobrevive del gran Hipódromo que yace ahora bajo la plaza Sultanahmet.

Constantinopla se convirtió en la mayor y más rica ciudad de Europa, con una población de 500.000 habitantes que se regía por el derecho romano, era mayoritariamente cristiana y hablaba griego. Justiniano terminó la iglesia ortodoxa griega Haghia Sophia (Santa Sofía) en 537, que durante mil años fue la catedral más grande del mundo.

Decadencia de los bizantinos

En 1025, la ciudad había empezado su declive y, en 1204, el intento de reconquistar Jerusalén en la cuarta Cruzada fracasó y los cruzados, que no habían recibido su paga, saquearon Constantinopla y convirtieron Santa Sofía en iglesia católica.

Mientras, los genoveses, que habían obtenido de los emperadores bizantinos una colonia en torno a Gálata en 1155, aprovecharon su papel en la Cruzada para recuperar poder. Construyeron la torre Gálata en 1348 y se involucraron en el comercio de la Ruta de la Seda.

En 1299, Osman I fundó el Imperio otomano en Anatolia y, hacia el siglo XIV, los otomanos se habían puesto como objetivo Constantinopla. El Ejército otomano, dirigido por el sultán Mehmet II, de 21 años, tomó la ciudad en 1453 en lo que se llamó la caída de Constantinopla.

Hitos históricos

1000 a. C.

Los tracios fundan el enclave de Ligos en un lugar cerca del actual palacio Topkapı.

660 a. C.

Bizas, el rey griego de Megara, funda Bizancio.

324

Constantino el Grande elige Bizancio como capital del Imperio romano unificado; luego pasaría a llamarse Constantinopla.

537

Tras los disturbios de Niká, Justiniano I termina la construcción de Santa Sofía, un templo griego ortodoxo.

1453

Tras la caída de Constantinopla, la ciudad pasa a manos del Imperio otomano, bajo el sultán Mehmet II.

1913
Un golpe de Estado del ultranacionalista Comité de Unión y Progreso (CUP) coloca a un triunvirato de pachás en el poder.

1928
Constantinopla cambia su nombre a Estambul, cinco años después de que Mustafa Kemal Atatürk trasladara la capital a Ankara.

1973
Se construye el actual puente de los Mártires del 15 de julio sobre el estrecho del Bósforo, uniendo la parte asiática y europea de Estambul por primera vez.

2010
Estambul es elegida capital europea de la Cultura y celebra multitud de actos durante todo el año.

2024
Después de más de 20 años en el poder, el presidente Erdoğan, del Partido de la Justicia y el Desarrollo, pierde el control de Estambul en las elecciones municipales.

Imperio otomano

Horas después de haber tomado Constantinopla, el sultán Mehmet II convirtió Santa Sofía en mezquita (Ayasofya). Repobló una ciudad prácticamente desierta con musulmanes, judíos y cristianos (griegos) de los territorios conquistados y reconstruyó el Gran Bazar. Los sultanes boicotearon el comercio con China y dejaron de participar en la Ruta de la Seda. Con Solimán el Magnífico (1520-1566), se construyeron muchas mezquitas y florecieron artes como la caligrafía y la cerámica.

Conectada a Europa

Hacia el siglo XIX se acometieron reformas y modernizaciones –como el demorado suministro de electricidad–, y se construyó el puente del Cuerno de Oro y un ferrocarril que conectaba Constantinopla con Europa.

Estos avances, sin embargo, no fueron suficientes para acallar a los estudiantes universitarios y a los soldados disidentes, cuya frustración fue creciendo por una Constitución anticuada y el cierre del Parlamento durante 30 años a raíz de la guerra ruso-turca.

En 1908, la Revolución de los Jóvenes Turcos retiró los poderes al sultanato,

El sultán Mehmet II entrando en Constantinopla

La silueta de Estambul, mezcla de lo antiguo y lo contemporáneo

obligándole a restaurar la Constitución de 1876 y a revocar el Parlamento. Tras el golpe de Estado de 1913, el país estuvo dirigido durante un tiempo por un triunvirato de ministros de los Jóvenes Turcos, apodados "Los tres pachás". Estaban en el poder en Turquía durante la Primera Guerra Mundial, en el bando alemán, e instigaron una política de turquificación que provocó el éxodo de los cristianos de la ciudad y el genocidio de más de un millón de armenios en todo el Imperio otomano.

Fundación de la República turca

Tras el fin de la Primera Guerra Mundial, Constantinopla fue ocupada por las fuerzas aliadas hasta la firma del Tratado de Lausana en octubre de 1923. La guerra de la Independencia turca (1919-1922) y el exilio de Mehmet VI, el último sultán, a Italia, marcaron el fin del Imperio otomano. El 29 de octubre de 1923, Mustafa Kemal Atatürk, mariscal de campo en el Ejército turco, fundó la República de Turquía y trasladó la capital a Ankara; Constantinopla fue rebautizada Estambul en 1928. Después de que Turquía se declarara neutral en la Segunda Guerra Mundial, Estambul vivió una gran expansión en la década de 1950, con la construcción de plazas

públicas como la de Taksim. Sin embargo, este optimismo se vio empañado por el pogromo de 1955, un genocidio de residentes griegos en represalia por el bombardeo de un consulado turco en Grecia. Además, el comercio se incrementó con la construcción del primer puente sobre el Bósforo en 1973, y en 1985 el centro histórico de Estambul fue designado Patrimonio Mundial de la Unesco.

Estambul hoy

Con una población de 15,6 millones de habitantes, Estambul es en la actualidad la ciudad más grande de Europa. Continúa enfrentando los desafíos propios de adaptar una ciudad antigua a la vida moderna, y su ubicación entre Europa y Asia la convierte en ocasiones en un polvorín, como en los últimos años, cuando ha sufrido atentados terroristas. Las decisiones las ha ido tomando el presidente Erdoğan, que lleva dos décadas en el poder. Figura cada vez más autoritaria, ha sido criticado por su gestión de la peor crisis económica de la historia del país. También se le ha acusado de corrupción. Sin embargo, el cambio está en marcha. El dirigente perdió el control de Estambul en las elecciones municipales de 2024 y su mandato como presidente termina en 2028.

TOP 10
EXPERIENCIAS

Esta guía ayuda a organizar el viaje perfecto tanto para los que visitan Estambul por primera vez como para los que repiten. Para aprovechar el tiempo al máximo y disfrutar de todo lo que esta variada ciudad puede ofrecer, no hay que olvidar añadir estas experiencias a la visita.

1 Rendirse a la cultura del hamam

Introducidos por los persas en el siglo XV, los hamames eran la principal fuente sanitaria: un lugar en el que someterse al vapor, remojarse y lavaarse, pero servían también como lugares para contar historias y escuchar música. Vale la pena probar el histórico Çemberlitaş *(p. 38)*.

2 En ferri entre dos continentes

Los habitantes de Estambul usan para desplazarse los ferris que atraviesan a diario el Bósforo *(p. 42)*, pero también son un transporte ideal (y barato) para recorrer las afueras de la ciudad y para decir que se ha estado a caballo entre Europa y Asia.

3 Probar los mejores *baklava*

Los *baklava* – capas de pasta filo bañadas en almíbar y rellenas de pistachos, avellanas y nueces– son un dulce típico otomano. Entre los mejores de la ciudad están los de Karaköy Güllüoğlu *(p. 97)*, un café familiar que lleva en funcionamento desde 1843.

4 Disfrutar de un concierto bajo tierra

La cisterna de la Basílica *(p. 69)*, construida en época bizantina, abasteció al Gran Palacio de Constantinopla. Es un mundo escondido, con un techo abovedado y columnas que proporcionan una acústica única para los conciertos que se celebran con regularidad.

5 Ver a los derviches

Los derviches *(p. 58)* entran en una especie de trance que los acerca a Dios a través de sus giros continuos. Es hipnótico seguir una sesión, en la que giran sobre sí mismos a gran velocidad vestidos con faldas blancas y sombreros altos. La práctica se remonta al siglo XIII.

6 Ir de ruta gastronómica

La historia y la cultura de Estambul se reflejan en su comida *(p. 56)*. Es posible aprender de ambas haciendo una ruta gastronómica con Culinary Backstreets *(culinarybackstreets.com)*, en la que uno se ve colmado de pequeños platos e interesantes anécdotas.

7 Recorrer Kadıköy

Merece la pena huir de las multitudes y tomar el ferri hasta Kadıköy *(p. 102)*. El barrio más a la última de Estambul se extiende por la ribera asiática del Bósforo y sus modernas calles están llenas de arte callejero, cafés *hipster* y bares.

8 Desayunar a la turca

El desayuno, o *kahvaltı* en turco, es una fiesta de quesos y embutidos, aceitunas, miel, pasteles y huevos, todo ello acompañado del clásico té negro. Se puede degustar en Hasan Fehmi Özsüt *(p. 93)*, dirigido por la tercera generación de la familia que lo abrió en 1915.

9 Montar en el segundo metro más antiguo del mundo

Si no se quiere subir la cuesta hasta Beyoğlu, existe la posibilidad de tomar el Tünel *(p. 90)*. Discurre entre Karaköy y Beyoğlu y es el metro más antiguo de la Europa continental, y el segundo del mundo tras el de Londres.

10 Ver atardecer tomando algo en una azotea

La variada silueta de Estambul, con minaretes y edificios elevados es mejor verla desde arriba. Conviene subirse a una terraza en una azotea *(p. 59)* para ver el crepúsculo, cuando las cúpulas de las mezquitas se vuelven doradas.

ITINERARIOS

Visitar la mezquita Azul, curiosear en el Gran Bazar, cruzar el Bósforo y una amplia oferta para comer, beber o simplemente disfrutar de las vistas es lo que ofrecen estos itinerarios de 2 y 4 días, que ayudan a aprovechar al máximo la visita a Estambul.

2 DÍAS

Día 1

Mañana
Comienza el día con historias de intrigas en el opulento **palacio Topkapı** *(p. 22)*, residencia de los sultanes otomanos y de sus concubinas. A poca distancia a pie está **Santa Sofía**, mezquita con 1.500 años de historia *(p. 26)* convertida en museo. Los no musulmanes solo pueden acceder a la galería superior y a sus mosaicos bizantinos, pero aún así es una visita imprescindible. Cruza la calle para adentrarte, a nivel subterráneo, en la misteriosa **cisterna de la Basílica** *(p. 69)*. Cuando veas su Medusa te vas a quedar de piedra. Luego disfruta de un guiso en el cercano **Palatium** *(p. 73)*.

Tarde
Empieza la tarde visitando la famosa mezquita del sultán Ahmet, más conocida como la **mezquita Azul** *(p. 28)*,

Baklavas a la venta en el Gran Bazar

> 🍽️ **COMER**
> Merece la pena probar el *balık ekmek* (bocadillo de caballa a la parrilla) en el puente Gálata, las castañas asadas de los vendedores İstiklal Caddesi en invierno o el *dondurma* (helado turco) en verano.

para contemplar los miles de azulejos azules de Iznik. Después de un día de turismo, nada mejor que relajarse en **Çemberlitaş**, un hamam del siglo XVI en el que el personal te lavará con jabón y te masajeará. Fresco y relajado, acaba el día con un kebab en el aclamado **Şehzade Cağ Kebap** *(p. 85)*.

Día 2

Mañana
Sumérgete en el laberinto del **Gran Bazar** *(p. 32)*, lugar de intercambio comercial desde el siglo XV y practica el regateo en alguno de los miles de puestos. Cruza después el **puente Gálata** *(p. 76)*, a un paseo de 15 minutos hacia el norte del bazar y súbete al **Tünel** *(p. 90)*, el segundo metro más antiguo del mundo, entre Karaköy y Beyoğlu. Desde arriba, a un corto paseo, está la **torre Gálata** *(p. 87)*, de época medieval. Utiliza la tarjeta Istanbul Tourist Pass *(p. 61)* para entrar gratis y sube en el ascensor hasta la séptima planta. Después, te toca ascender a pie los dos últimos pisos para disfrutar de las vistas desde arriba. Al bajar, puedes

Viandantes pasando por Ciçek Pasaji, en İstiklal Caddesi

comer en **Kafe Ara** (p. 93) de camino a **Ciçek Pasaji** (p. 90), un elegante pasaje comercial decimonónico.

Tarde

Más al norte está la **plaza Taksim** (p. 89), escenario de conflictos políticos que han dado forma al Estambul moderno. Cruza la plaza para llegar al **Centro Cultural Atatürk** (p. 92), donde puedes cenar desde su restaurante con vistas en la azotea, **Biz**. También puedes volver en tranvía a la estación de Eminönü y al cercano **Pandeli** (p. 79), que sirve clásicos turcos reconocidos por la guía Michelin, como el cordero cocinado a baja temperatura o el pastel de berenjenas.

> **VISTAS**
> El puente Gálata, a menudo lleno de pescadores con su caña, ofrece vistas de 360°: a su espalda, Sultanahmet; al otro lado, Beyoğlu; arriba el Cuerno de Oro, y más lejos, el Bósforo.

Plaza Taksim
Biz
Centro Cultural Atatürk
İstiklal Caddesi
Taksim
FUNICULAR
Kabataş
Kafe Ara
Ciçek Pasaji
BEYOĞLU
TRANVÍA
Beyoğlu
Torre Gálata
FUNICULAR
Cuerno
Tünel
Karaköy
KARAKÖY
Bósforo
de Oro
Puente Gálata
Eminönü
EMINÖNÜ
Pandeli
Bazar de las Especias
Şehzade Caĝ Kebap
BEYAZIT
Palacio Topkapı
Gran Bazar **2**
Cisterna de la Basílica
Çemberlitaş
Santa Sofía (Haghia Sophia)
ÇARŞIKAPI
Mezquita Azul
Palatium
SULTANAHMET

0 metros   700

Map labels:

to Rumeli Hisarı
10 km

Aheste

BEYOĞLU

TAXI

TAXI

Torre
Gálata

Otantik
Café

Escalera Kamondo

3 Karaköy

FERRI

4

Puerto del ferri
de Eminönü

Parque
Gülhane

Museo
Arqueológico

1 Palacio
Topkapı

BEYAZIT

Milion

2 Santa Sofía
(Haghia Sophia)

Şerefiye Sarnıcı

*Pudding
Shop*

Galería de arte de la
cisterna Nakilbent

Balıkcı Sabahattin

Giritli

0 kilómetros   2

Estambul asiá

Colina Çamlıc

ÜSKÜDAR

Bosforo

KISIKLI

DAY 4

Desde Eminönü
5 km

4

FERRI

Bazar de
Kadıköy

Kadıköy

Sayla Mantı

Moda

GÖZTE

0 metros   800

---

4 DÍAS

Día 1

Comienza el día imaginando la vida de los sultanes en el **palacio Topkapı** (*p. 22*), una de las residencias reales más grandes del mundo. Aquí pregunta por el precioso mapamundi Piri Reis, del siglo XVI, dibujado en piel de gacela y hallado cuando el

COMER
El *simit* (un pan redondo cubierto de semillas de sésamo) se puede probar en Galata Simitçisi, en Mumhane Caddesi.

palacio se convirtió en museo en 1929. Tómate algo en el café del extremo norte del vecino **parque Gülhane** (*p. 7*) y contempla las cigüeñas y las rosas blancas, antes de entrar en el **Museo Arqueológico** (*p. 30*) para ver el enorme sarcófago de Alejandro, hecho de mármol. Desde aquí, a 20 minutos a pie y pasando por la **mezquita Azul**, llegas a la **galería de arte de la cisterna Nakilbent** (*Nakilbent Sok 6*), del siglo VI. Está escondida en el sótano de la tienda de alfombras Nakkaş. Acaba el día con un *meze* en **Giritli** (*p. 73*), un restaurante cretense que ocupa el interior de una casa restaurada en Sultanahmet.

El sarcófago de Alejandro,
en el Museo Arqueológico

Día 2

Madruga para visitar **Santa Sofía** al abrir sus puertas tras la oración *(p. 26)*. Fuera, al otro lado de las líneas del tranvía que recorre Divanyolu Caddesi, busca el **Milion** *(p. 70)*, que es todo lo que queda de un monumento del siglo IV que marcó el inicio de todos los caminos que conducían a ciudades bizantinas. Cerca está el restaurante Lale *(p. 72)*, al que se conoce como **Pudding Shop,** un lugar de encuentro para viajeros que recorren Turquía y Asia; en la actualidad es un sitio divertido y turístico para comer. Por la tarde, dirígete al oeste hacia la cisterna de **Şerefiye Sarnıcı** (*serefiyesarnici. istanbul*). En este lugar de 1.600 años de antigüedad y columnas corintias se puede ver una proyección de 10 min en 3D. Vuelve paseando hacia el Bósforo para rematar el día con una excelente cena a base de platillos de marisco en el delicioso y sencillo **Balıkçı Sabahattin** *(p. 73)*.

Día 3

Inicia el día en **Karaköy** *(p, 97)*, uno de los barrios más antiguos y evocadores de Estambul. Date tiempo para recorrer sus callejones, donde podrás apreciar arte callejero y caravasares ocultos de la Ruta de la Seda que hoy son estudios de arte y tiendas, además de probar los mejores *baklava* de la ciudad. Dirígete hacia arriba, hacia Bankalar Caddesi, y sube la **escalera Kamondo** *(p. 97)*, que recuerda a Gaudí, hacia la **torre Gálata** *(p. 87)*. Tras disfrutar de las excelentes vistas desde lo alto de la torre, bebe algo en el cercano **Otantik Café** *(p. 93)*, toma un taxi hasta **Rumeli Hisarı** *(p. 96)*, una fortaleza otomana del siglo XV construida con la forma del nombre del profeta Mahoma, en la que apreciar las vistas desde sus muros almenados. Vuelve a Karaköy, de nuevo en taxi, y cena en el romántico **Aheste** *(p. 93)*, de reserva obligada. Deléitate con su menú gourmet *mezet*, que incluye platos como el arroz persa y el atún *kadayif*.

Día 4

Tómatelo con tranquilidad en tu último día en Estambul y visita Asia en un crucero por el Bósforo *(p. 42)*, que sale desde el **muelle de Eminönü.** Tras desembarcar en **Kadiköy** *(p. 102)*, en el lado asiático, busca las galerías y *boutiques* del barrio de **Moda.** Pasea por los puestos del **bazar de Kadiköy,** pero reserva energías para subir la **colina Çamlica,** un lugar desde el que observar el lado europeo de la ciudad. Acaba el día de forma sabrosa en **Sayla Manti** (*saylamanti.com.tr*) con una cena a base de *manti* tradicionales, miniempanadillas con salsa de yogur y ajo y mantequilla derretida.

Un crucero por el Bósforo, pasando la torre y el puente Gálata

TOP 10 ESTAMBUL

Interior de Santa Sofía

LO ESENCIAL DE
ESTAMBUL

Estambul cuenta con algunos lugares que no debes perderte. Descubre en las páginas siguientes por qué cada uno de ellos es una visita obligada.

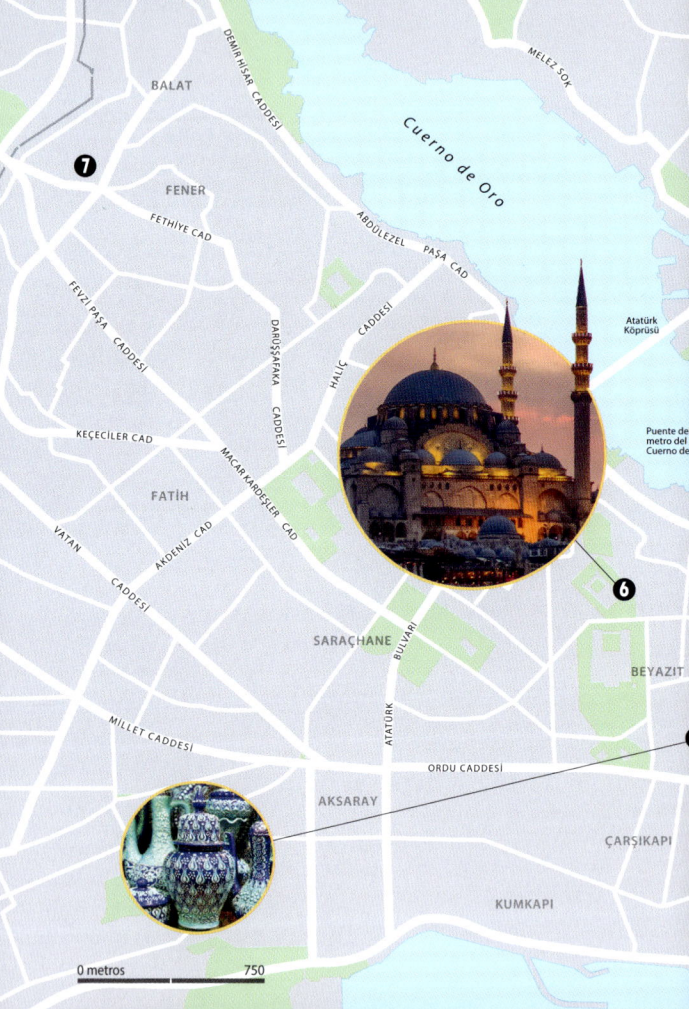

BALAT

DEMIR HISAR CADDESİ

MELEZ SOK

Cuerno de Oro

❼

FENER

FETHİYE CAD

ABDÜLEZEL PAŞA CAD

FEVZİ PAŞA CADDESİ

DARÜŞŞAFAKA CADDESİ

HALİÇ CADDESİ

Atatürk Köprüsü

KEÇECİLER CAD

MACAR KARDEŞLER CAD

FATİH

Puente del metro del Cuerno de

VATAN

AKDENİZ CAD

CADDESİ

SARAÇHANE

ATATÜRK BULVARI

BEYAZIT

❻

MİLLET CADDESİ

ORDU CADDESİ

AKSARAY

ÇARŞIKAPI

KUMKAPI

0 metros   750

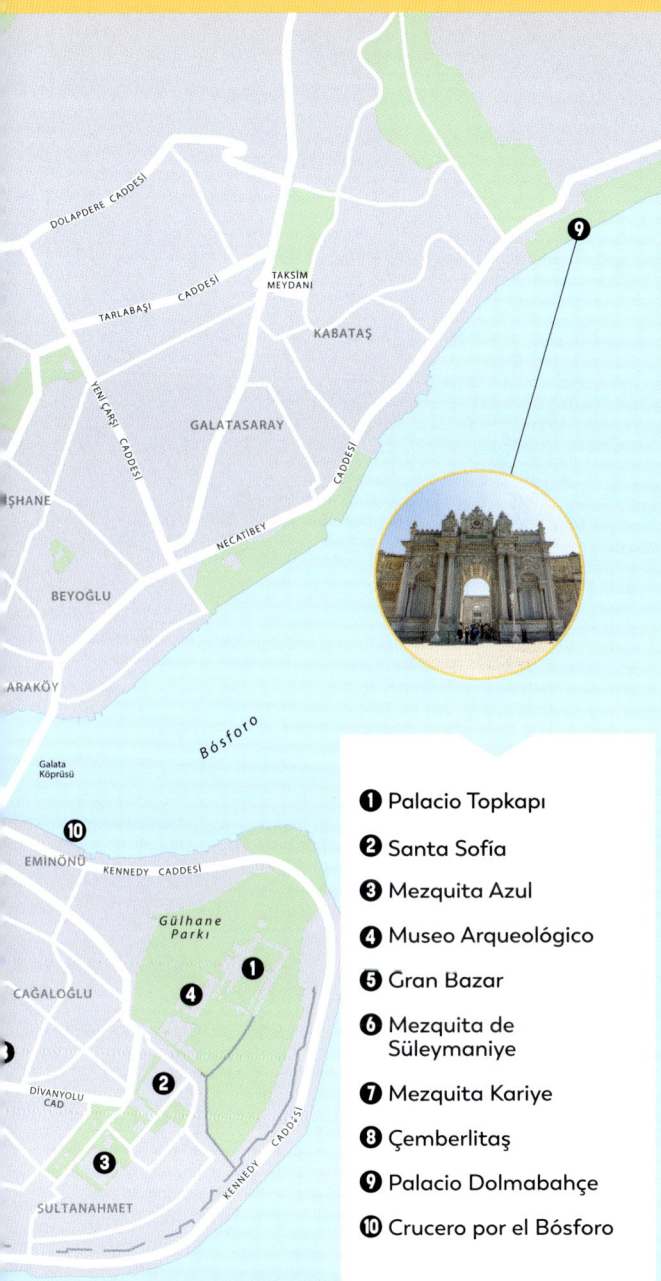

DOLAPDERE CADDESİ

TARLABAŞI CADDESİ

TAKSİM MEYDANI

KABATAŞ

YENİ ÇARŞI CADDESİ

ŞHANE

GALATASARAY

CADDESİ

NECATİBEY

BEYOĞLU

ARAKÖY

Bósforo

Galata Köprüsü

❿

EMİNÖNÜ KENNEDY CADDESİ

Gülhane Parkı

CAĞALOĞLU

❶

❹

❷

DİVANYOLU CAD

KENNEDY CADDESİ

❸

SULTANAHMET

❶ Palacio Topkapı

❷ Santa Sofía

❸ Mezquita Azul

❹ Museo Arqueológico

❺ Gran Bazar

❻ Mezquita de Süleymaniye

❼ Mezquita Kariye

❽ Çemberlitaş

❾ Palacio Dolmabahçe

❿ Crucero por el Bósforo

PALACIO TOPKAPI

📍 S3 🏛 Babıhümayun Cad 🕐 9.00-17.30 mi-lu
🌐 millisaraylar.gov.tr ⬛⬛

En 1460, tras conquistar Constantinopla, Mehmet II construyó Topkapı Sarayı y lo usó como residencia principal hasta 1478. Durante 400 años el palacio fue también sede del Gobierno, hasta que este se trasladó en el siglo XVI a la puerta Sublime. Topkapı siguió siendo hogar del sultán hasta que Abdül Mecit I se mudó al palacio Dolmabahçe en 1856.

1 Puerta Imperial (Bâb-ı Hümayun)

Esta puerta de 1478 es el acceso principal al palacio. La estancia de Mehmet II que había sobre ella fue destruida por un incendio en 1866.

2 Primer patio (Alay Meydanı)

Este vasto patio incluye el parque Gülhane, la iglesia de Santa Irene *(ver p. 71; Aya İrini Kilisesi)* y el Museo Arqueológico.

3 Puerta del Saludo (Bâb-üs Selâm)

Esta ornamentada puerta de 1524 era donde se recibía a los visitantes y se realizaban las decapitaciones. Conduce al segundo patio (Divan Meydanı) y al Tesoro.

4 Tesoro (Hazine Koğuşu)

El Tesoro, con piezas como la daga Topkapı con joyas incrustadas y el diamante del

COMER
Para picar algo o tomarse un café después de ver el palacio, una opción es uno de los dos cafés del segundo patio.

Cucharero, de 86 quilates, podría ser la colección más ostentosa jamás reunida, fuera de la legendaria cueva de Aladino. También se expone una magnífica variedad de armas y armaduras que se extiende 1.300 años en el tiempo y reúne piezas de todo el mundo.

La daga de oro de Topkapı (1741), en el Tesoro

El salón Imperial, la estancia más grande del harén

Palacio Topkapı

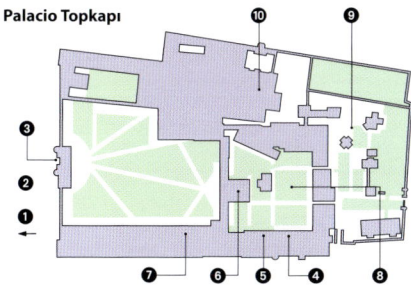

5 Vestidor imperial (Seferli Koğuşu)

El vestidor imperial alberga el Museo del Traje, en el que se exponen unas 3.000 prendas bordadas. Hay que buscar las inscripciones chapadas en oro de la entrada.

6 Salón del Trono (Arz Odası)

En este salón el sultán se reunía con sus ministros y gobernadores, recibía a embajadores y dignatarios y celebraba encuentros oficiales.

7 Cocinas

Aquí se preparaba comida para 1.000 personas al día. Se expone una colección de cerámica, cristal y plata que incluye la vajilla verdeceledón china (cerámica verde) preferida por los primeros sultanes.

8 Tercer patio (Enderûn Meydanı)

La puerta de la Felicidad (Bâb-üş Saadet) lleva al tercer patio, donde

CONSEJO TOP 10

En el pabellón del Manto Santo y el Tesoro suele haber largas colas.

estaban las estancias privadas del sultán y las de los eunucos blancos del harén.

9 Patio Imperial (Sofa-ı-Hümayun)

Este patio era un espacio para relajarse y sus jardines están salpicados de estanques y pabellones construidos por los sucesivos sultanes. El más atractivo de estos últimos es el pabellón de Bagdad (Bağdat Köşkü).

10 Harén

El laberinto de más de 300 estancias y pasillos del harén era un mundo aparte ocupado por las esposas, concubinas e hijos del sultán. Contaba con nueve hamames y dos mezquitas.

RELIQUIAS ISLÁMICAS

El pabellón del Manto Santo (Has Oda Koğuşu) contiene algunas de las reliquias más sagradas del islamismo. Se pueden ver varios pelos de la barba del profeta, uno de sus dientes, dos de sus espadas y el estandarte que portaba en las campañas militares. La principal reliquia es el manto santo, una prenda de pelo de camello que el profeta regaló a un poeta. Una vez al año, el manto se empapaba en agua para recoger las gotas que caían y usarlas como talismán contra enfermedades.

El pabellón Bagdad, en el patio Imperial

El harén de Topkapı

El patio del salón de la valida del sultán

1. Estancias de los eunucos negros

Aparte del sultán y sus hijos, los únicos hombres que podían acceder al harén eran los eunucos negros. Estas 200 personas esclavizadas de Sudán y Etiopía tenían sus estancias en un extremo del patio de los Eunucos Negros, decorado con columnas de mármol.

2. Patio de las Concubinas

Este patio con columnas se encuentra junto a los baños del harén. Aquí llegaron a convivir hasta 300 concubinas.

3. Jaula de Oro

Mehmet III se convirtió en sultán en 1595 tras asesinar a 18 de sus 19 hermanos. A partir de entonces, los herederos al trono permanecían en la denominada Jaula de Oro hasta el momento de ascender al trono. El aislamiento provocaba que muchos estuvieran poco capacitados para gobernar.

4. Estancias de las esposas

Las esposas del sultán (la ley islámica le permitía tener hasta cuatro) disponían de estancias privadas. Estas mujeres

formaban parte de la alta jerarquía del harén, pero el verdadero poder lo ostentaban las favoritas y la madre del sultán. En ocasiones, el sultán tomaba como esposa a alguna concubina, como Solimán I y su amada Roxelana (a partir de entonces conocida como Hürrem).

5. Salón de la valida del sultán

La valida del sultán (su madre) era la mujer más poderosa del palacio y tenía derecho a utilizar algunas de las mejores estancias del harén.

6. Estancias del sultán

El sultán pasaba gran parte de su tiempo libre en su habitación del harén. Destacan el dormitorio dorado del sultán Abdül Hamit I (1774-1789), el salón de Murat III (1574-1595) y la bella sala de la Fruta, decorada con pinturas de granadas y peras.

7. Baños imperiales

En el centro del complejo, uno junto al otro, se hallan los elegantes baños del sultán y su valida.

8. Salón Imperial

En este salón el sultán entretenía a sus amigos. Aunque estaba dentro del harén, las únicas mujeres con acceso eran la madre del sultán, su esposa principal, sus favoritas y sus hijas.

9. Estancias de las favoritas

Las *haseki* (favoritas) que daban hijos al sultán recibían una estancia y la libertad (si eran esclavas). Tras la muerte del sultán, las que tenían solo hijas eran casadas fuera del harén o trasladadas al antiguo palacio; las que tenían hijos permanecían en el palacio.

10. Paseo Dorado

Largo y oscuro pasadizo conocido como paseo Dorado porque en las celebraciones el sultán lanzaba monedas de oro a los miembros del harén.

LA VIDA EN EL HARÉN

Retrato de la princesa Mihrimah

Tras las puertas del harén, la vida era mucho menos excitante de cómo aparecía representada en los relatos europeos del siglo XIX. Sin duda, existían intrigas y si una mujer se convertía en una de las favoritas del sultán, tal vez lograra comodidades y regalos, pero la vida cotidiana de la mayoría era mundana e incluso rutinaria. El harén era en realidad una casa familiar y una escuela femenina. De sus aproximadamente mil ocupantes, más de dos tercios eran sirvientes o hijos del sultán, mientras que las concubinas –que solían llegar al harén cuando tenían entre 5 y 12 años– pasaban años viviendo en dormitorios y recibiendo una completa educación antes de ser presentadas al sultán. El harén no estaba completamente al margen de la política y algunas mujeres (como las sultanas Kösem y Hürrem) ostentaron bastante poder al influir en las decisiones políticas del sultán.

El harén de Topkapı, ilustración en la revista *Le Tour du Monde* (1863)

SANTA SOFÍA

R4 🗺 Sultanahmet Meydanı ⏰ 8.00-19.00 todos los días
🌐 ayasofyacamii.gov.tr ↗

Santa Sofía, uno de los símbolos más antiguos de Estambul, fue construida como iglesia en 537 por el emperador Justiniano. La impresionante estructura fue convertida en mezquita por Mehmet II en el siglo XV. Desde 1935 fue museo, pero hoy su nave central y el vestíbulo vuelven a ser un lugar de culto. Los turistas pueden acceder a las galerías superiores.

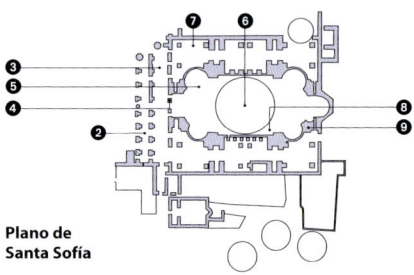

**Plano de
Santa Sofía**

1 Exterior
El edificio principal, cuyos muros rojos están coronados por una cúpula apoyada en dos medias cúpulas, se conserva casi como en el siglo VI, a excepción de los contrafuertes añadidos para asegurar la estructura, que ocultan la forma original.

2 Galerías
Las mujeres rezaban en las galerías superiores, decoradas con mosaicos. Entre los de la galería sur hay uno de Jesucristo flanqueado por la emperatriz Zoë y el emperador Constantino IX Monómaco y otro de Cristo pantocrátor con Juan el Bautista y la Virgen María.

3 Endonártex
En cada crujía del endonártex hay una puerta que da acceso a la nave central; la gran puerta Imperial, situada en el centro, estaba reservada al emperador y el patriarca. En el extremo sur del endonártex, al salir de las galerías, se ve un maravilloso mosaico del siglo X que representa a Constantino y Justiniano ofreciendo la ciudad y la iglesia al Niño Jesús.

4 Puerta del Emperador
Esta enorme puerta con paneles de roble era de uso exclusivo ded los emperadores bizantinos, de ahí su nombre. Cuenta la leyenda que la madera de la puerta procede del Arca de Noé, que llegó hasta aquí desde un templo pagano tarso del siglo II.

**Santa Sofía,
el monumento más
famoso de Estambul**

La cúpula con inscripciones coránicas en la nave

CONSEJO TOP 10

Las mujeres deben llevar el pelo cubierto en la mezquita, incluso en las galerías superiores.

9 Columnas

Los bizantinos eran grandes saqueadores y algunas de las columnas de Santa Sofía probablemente las tomaran de templos paganos.

10 Elementos islámicos

La transformación de iglesia a mezquita comenzó en 1453. Los mosaicos se taparon con escayola y no se descubrieron hasta la década de 1930. El mihrab y el almimbar (*p. 29*) son del siglo XVI.

5 Nave central

Al mirar la nave central, sorprende el vasto espacio que cubre la cúpula. Esta apoya en cuatro arcos que arrancan de sendos pilares de mármol, los cuales flanquean una doble columnata a cada lado.

6 Cúpula

La cúpula tiene 32 m de diámetro y se eleva a 56 m del suelo. Este milagro de la ingeniería está reforzado con 40 nervios de ladrillos

☕ **BEBER**
Tras la visita, se puede tomar algo en algún bar de las azoteas de Divanyolu Caddesi (*p. 70*), a un corto paseo a pie desde la mezquita.

huecos y ligeros. El diseño original sobrevivió 21 años antes de ser destruido por un terremoto en 1558.

7 Columna que llora

El emperador Justiniano apoyó su dolorida cabeza en la piedra húmeda de esta columna y se curó al instante. Desde entonces, la gente hace cola para tocar el milagroso pilar.

8 Lugar de coronación

Cerca del almimbar hay un espacio en el suelo con mármoles de colores que era donde estaba el trono del emperador. En época bizantina esta zona se consideraba el centro del mundo (*omphalion*).

CAMBIO DE ASPECTO

En la última crujía de la galería sur hay un mosaico de Cristo con la emperatriz Zoë y el emperador Constantino IX Monómaco, cuyo rostro parece un añadido posterior. Los historiadores creen que la figura era en un principio un retrato del primer marido de Zoë, Romano III Argyros, que fue sustituido por la imagen de su segundo marido, Miguel IV, y luego por la del tercero, Constantino.

MEZQUITA AZUL

R5 · Sultanahmet Meydanı · (0212) 458 49 83 · 9.00-19.00 todos los días · Horas de oración

El sultán Ahmet I tenía solo 19 años cuando ordenó construir esta mezquita, cuyo nombre en turco es Sultan Ahmet Camii. Lo que querían el sultán y su arquitecto Mehmet Ağa era eclipsar Santa Sofía y la mezquita de Süleymaniye. La mezquita, finalizada en 1616, se ha convertido en una de las más famosas del mundo, a la que se conoce como mezquita Azul por los azulejos de İznik que cubren su interior.

1 Emplazamiento

Para destacar la supremacía del islamismo sobre el Bizancio cristiano, se levantó la mezquita frente a Santa Sofía, en el solar del palacio real bizantino.

2 Entrada

La entrada principal de la mezquita está reservada a los musulmanes. Los visitantes de otros credos deben acceder por las puertas laterales.

3 Alminares

Cuenta la leyenda que el sultán pidió un alminar rematado en *altın* (oro), pero el arquitecto entendió *altı* (seis) alminares. El sultán quedó contento, ya que no había ninguna otra mezquita con 6 alminares, excepto la gran mezquita de La Meca.

4 Cúpulas

La cúpula central tiene 23,5 m de diámetro y 43 m de altura y se apoya sobre 4 gigantescas columnas de 5 m de diámetro cada una. Está rodeada de semicúpulas más pequeñas que dan a la

CONSEJO TOP 10

Visitar Santa Sofía *(p. 26)* y la mezquita Azul de noche para verlas iluminadas.

En el sentido de las agujas del reloj, desde abajo: **Sala de oración; cúpula central decorada con azulejos azules de İznik; fuente de las ablaciones en el patio; detalle de un azulejo de İznik.**

La mezquita Azul, frente al mar de Mármara

estructura esplendor y majestuosidad.

5 Patio
El enorme patio, revestido con mármol de la isla de Mármara, tiene las mismas dimensiones que la sala de oración. Desde aquí se consigue una magnífica vista de la cascada de cúpulas y medias cúpulas de la mezquita.

6 Fuente de las abluciones
La fuente que hay en el centro del patio se empleaba para las abluciones rituales. En la actualidad, los fieles usan los grifos colocados en el exterior del patio. Lavarse la cara, los brazos, el cuello, los pies, la boca y la nariz se considera parte integrante de la oración.

7 Almimbar y mihrab
En el frente de la mezquita se hallan el almimbar, el púlpito desde el que el imán se dirige a los fieles, y el mihrab, un nicho que señala a La Meca.

8 Palco del sultán
A la izquierda del mihrab se encuentra el palco donde rezaba el sultán. Está decorado con vidrieras y el techo del palco está pintado con arabescos.

9 Alfombras
El suelo está cubierto con una alfombra moderna. Las mezquitas siempre han estado alfombradas para apoyar las rodillas y la frente durante la oración.

10 Azulejos
En el interior de la mezquita hay más de 20.000 azulejos de İznik, cuya fabricación supuso un gran esfuerzo para los artesanos. El sultán prohibió realizarles cualquier encargo hasta que la mezquita estuviera acabada.

AZULEJOS DE İZNIK

İznik empezó a fabricar cerámica en el periodo bizantino. Al principio, se usaron diseños basados en modelos chinos. Los motivos árabes los añadió Şah Kulu, uno de los 16 artistas traídos desde Tabriz por el sultán Selim I (1512-1520). En la década de 1530 se incorporó el color turquesa a los tradicionales azul y blanco, y 20 años después llegaron los púrpuras, verdes y rojos. El maestro Kara Memi creó los ondulantes motivos florales y cuando Ahmet I realizó su encargo para la mezquita Azul, el estilo de İznik estaba ya definido.

MUSEO ARQUEOLÓGICO

◩ S3 🏠 Osman Hamdi Bey Yokuşu, Parque Gülhane ⏰ 9.00–21.00 todos los días (última entrada: 20.00) 🌐 muze.gov.tr 🔗

El Museo Arqueológico, con una fabulosa colección que abarca 5.000 años, lo ordenó construir Osman Hamdi Bey, hijo de un gran visir, al darse cuenta de que los arqueólogos y buscadores de tesoros europeos se estaban llevando parte del legado del imperio. La colección consta de 3 secciones: el museo principal, el pabellón de los Azulejos (Çinili Köşk) y el Museo del Antiguo Oriente.

GRAN RECIBIMIENTO

A la entrada del edificio principal hay una estatua del dios egipcio Bes. A los pies de la escalera que conduce al Museo del Antiguo Oriente se encuentran dos leones de basalto del siglo VIII a. C. En el exterior del museo principal se ven sarcófagos de pórfido de los siglos IV y V d. C., y el pórtico está inspirado en un sarcófago del siglo IV a. C. con mujeres de luto.

1 Sarcófago de Alejandro

El relieve de este sarcófago de finales del siglo IV a. C. representa escenas de la campaña de Alejandro contra los persas, aunque en realidad es la tumba del rey Abdalónimo de Sidón (murió en torno a 312 a. C.). Se conservan restos del intenso colorido que lo cubría.

2 León de Halicarnaso

La tumba del rey Mausolo era una de las siete maravillas del mundo antiguo, y este león es una de sus reliquias.

3 Sarcófagos de Sidón

Osman Hamdi Bey descubrió esta maravillosa serie de sarcófagos de los siglos V y IV a. C. en Sidón (actual Líbano) en 1887. Son de mármol de Paros y

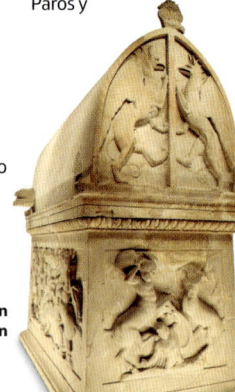

Relieves tallados en un sarcófago de Sidón

Esculturas romanas expuestas en el museo

COMPRAR
En la tienda del edificio principal están a la venta distintas piezas, azulejos de Iznik, libros sobre la historia de Turquía y más.

cuentan con elaborados relieves de criaturas míticas y escenas de caza.

4 Esfinge de Hattuşa

Este felino de piedra del siglo XIII a. C. fue uno de los cuatro descubiertos en la gran ciudad hitita de Hattuşa (Boğazkale), en Anatolia.

5 Tratado de Kadesh

El tratado de paz más antiguo que se conserva, labrado en piedra en 1269 a. C., fue acordado por el faraón egipcio Ramsés II y el rey hitita Hattusili III tras una batalla en la actual Siria. Establece el alto el fuego y acuerda el regreso de los refugiados.

6 Puerta de Ishtar

Esta puerta que el rey Nabuconodosor II mandó construir en el 575 a. C. estaba decorada con dragones y toros de azulejo. La vía procesional que partía de ella la custodiaban 120 leones.

7 Esculturas griegas y romanas

El museo expone un conjunto de estatuas de dioses, diosas y emperadores a tamaño algo superior al real. Destaca el *friso de Afrodisias*, que representa la batalla entre dioses del Olimpo y gigantes.

8 Galería de Troya

En esta galería se recrea la fascinante historia de Troya. Destaca el elevado tapial que es una réplica del descubierto en el yacimiento.

Friso esmaltado de un león en la puerta de Ishtar

9 Museo de Antiguo Oriente

📖 Consultar página web

Este museo con piezas de Mesopotamia, Egipto y Babilonia guarda escritos antiquísimos (tablillas de barro con escritura cuneiforme de 2700 a. C.).

10 Pabellón de los Azulejos

📖 Consultar página web

El edificio laico más antiguo de Estambul (1472) repasa la interesante historia de la cerámica turca, con muestras procedentes de Iznik y Kutahya.

Plano del museo

- ◼ Tercera planta
- ◼ Segunda planta
- ◼ Primera planta
- ◼ Planta baja

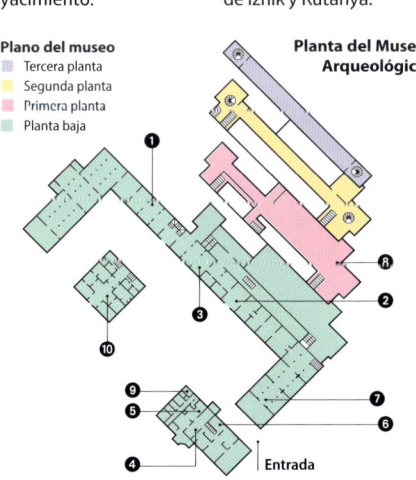

Planta del Museo Arqueológico

Entrada

GRAN BAZAR

⊙ N3 **☎** (0212) 519 12 48 **⊙** 9.00-19.00 lu-sá (los mercados de alrededor suelen tener horario más amplio, incluso en domingo)

Desde los arcos pintados hasta las tiendas con faroles, alfombras o especias, el Kapalı Çarşı resulta una fantástica representación de la opulencia oriental. El bazar, fundado en 1461 por el sultán Mehmet II, fue diseñado para convertirse en el corazón comercial del imperio. Sus tiendas y cafés ofrecen entretenimiento todos los días.

✿ COMER
Por todo el mercado hay pequeñas teterías y cafés, además de puestos de kebab y algún que otro café de lujo.

1 İç Bedesten
Este mercado cubierto fue el primer edificio del bazar, una estructura bizantina transformada en 1461 en un almacén donde se comerciaba con joyas y se subastaban personas esclavizadas. Ahora cuenta con más de 120 tiendas que venden objetos como antigüedades e iconos raros.

2 Sandal Bedesten
En el extremo sureste del bazar se encuentra el antiguo mercado de antigüedades del siglo XV, la segunda zona más antigua del complejo, cuya arcada está cubierta por 20 cúpulas de ladrillo que descansan sobre pilares.

3 Calle de los Joyeros (Kalpakçılar Caddesi)
La calle más ancha del bazar se extiende paralela al extremo sur del mercado y sus escaparates están

Brazalete estilo otomano, calle de los Joyeros

llenos de joyas y metales preciosos. En el bazar se venden unos 100.000 kilos de oro al año. Las joyas de oro *(arriba)* se compran al peso.

4 Zincirli Han
Los *hans* proporcionaban alojamiento, comida y establos a los comerciantes. Este, el más antiguo de la zona, se ha restaurado y ahora

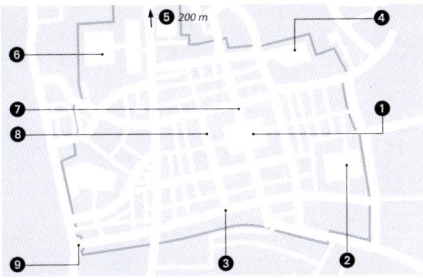

**Alfombras a la venta
en el bazar**

es la tienda de Şişko Osman, un destacado vendedor de alfombras.

5 Valide Han

Este enorme edificio construido en 1651 se encuentra en Çakmakçılar Yokuşu y ha sido tristemente descuidado. Actualmente alberga residencias, galerías y talleres.

6 Patio de los Artesanos (İç Cebeci Hanı)

En las profundidades del bazar, junto a Yağlıkçılar Sok, hay un patio del siglo XVIII que parece una ventana a una época anterior. Aquí, los artesanos siguen ejerciendo sus oficios como lo han hecho durante cientos de años. Es un espacio tranquilo alejado del bullicio del mercado principal.

7 Vendedores de alfombras

El bazar alberga las mejores tiendas de alfombras de Estambul, además de comercios menores donde se pueden comprar alfombras para el pasillo o el dormitorio. La mayoría está cerca del İç Bedesten, en Halıcılar Caddesi.

8 Fuentes

Dos fuentes de mármol y cobre daban agua potable a los comerciantes antes de que se instalara la moderna red de tuberías. Según un estudio de 1880, había también 16 puestos de agua y 8 pozos para extinguir incendios.

9 Puertas

Un total de 22 puertas dan acceso al bazar desde todas direcciones. La puerta Beyazıt, reconstruida tras un terremoto en 1894, luce el *tuğra* (sello imperial) del sultán Abdül Hamit II y la afirmación de que "Dios ama a los comerciantes".

10 Puestos al aire libre

Alrededor del mercado cubierto hay un laberinto de callejas con puestos de alfombras, recuerdos, ropa y verduras. Muchos lugareños compran aquí.

HECHOS Y CIFRAS

El Gran Bazar, que lleva funcionando desde 1461, es el mercado cubierto más antiguo del mundo. Está formado por un entramado de 61 calles que ocupan una extensión de 307.000 m². Cada día los 30.000 comerciantes de las 4.500 tiendas de este bullicioso espacio atienden y regatean con hasta 400.000 compradores, tanto locales como visitantes de todo el mundo.

**Coloridas piezas a
la venta en İç Bedesten**

MEZQUITA DE SÜLEYMANIYE

📍 M2 🏛 Prof Sıddık Sami Onar Cad 📞 (0212) 458 00 00
🕐 8.30-16.45 todos los días 🕌 Horas de oración

Süleymaniye Camii, construida entre 1550 y 1557 para Solimán I, es una de las obras más bellas de Sinán, el principal arquitecto del Imperio otomano. Las cúpulas y alminares dominan el horizonte, mientras que las vidrieras y los relieves le añaden un toque de ligereza. Alberga las tumbas de Solimán y su esposa Hürrem.

1 Interior de la mezquita

El interior es sencillo y sereno. La cúpula azul, blanca y dorada incluye 200 vidrieras. El mihrab y el púlpito son de mármol blanco cubierto de azulejos de İznik.

2 Tumba de Solimán

🕐 9.00-17.00 todos los días

El sultán Solimán I el Magnífico yace en una grandiosa tumba rodeada de jardines. Posee una puerta de ébano, madreperla y marfil y estrellas de cerámica incrustadas en la cúpula.

3 Tumba de Sinán

🕐 9.00-17.00 todos los días

El mausoleo de Sinán ocupa el solar de la casa donde vivió durante la construcción de la mezquita, en el extremo noroeste del complejo. Es un monumento modesto para un talento prodigioso.

Interior de la cúpula de la mezquita

El espléndido complejo de la mezquita de Süleymaniye

COMER
Lalezar Café (543 541 37 59), en İsmetiye Cad., y Mimar Sinan Roof (mimarsinanroof. com.tr), en Fetva Yohuş sirven buenos aperitivos y también pipas de agua.

4 Patio
Este magnífico patio está rodeado por columnas de pórfido, mármol de Mármara y mármol rosa egipcio, al parecer traídas del hipódromo.

5 Hamam
10.00-21.30 todos los días (última entrada: 20.00); solo

hombres 6.00-10.00 lu-sá W suleyman iyehamami.com.tr

El hamam de la mezquita es una casa de baños mixta, así que es perfecto para familias. El sultán Solimán lo visitaba con frecuencia.

6 Caravasar
La mezquita era un complejo con todos los servicios. El caravasar ofrecía comida y alojamiento a los viajeros.

7 Madrasas
En dos de las seis madrasas de la escuela religiosa imperial, donde se impartía educación teológica y general, se guardan los 110.000 manuscritos de la biblioteca de Solimán.

8 İmaret
Además de alimentar a los trabajadores, estudiantes, profesores y religiosos del complejo, la cocina de la mezquita daba de comer a 1.000 pobres al día.

Las cúpulas de la mezquita, con la ciudad de fondo

9 Vistas
Las terrazas ajardinadas del complejo ofrecen hermosas vistas del Cuerno de Oro.

10 Callejón de los Adictos
Los cafés de este callejón, de nombre Prof Sıddık Sami Onar Caddesi, vendían opio y hachís. Aún hay cafés, pero solo ofrecen el tabaco de los narguiles.

SINÁN
Mimar Sinán, constructor de 146 mezquitas y otros 300 edificios, nunca recibió formación arquitectónica. Nació en 1489 en una familia cristiana y fue reclutado para el cuerpo de jenízaros del sultán. Ascendió a comandante del cuerpo de cadetes de infantería, responsable de las obras de ingeniería militar, y en 1536 fue nombrado arquitecto imperial. Mantuvo el puesto hasta su muerte en 1588.

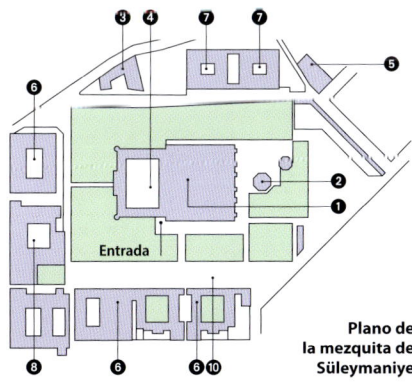

Entrada

Plano de la mezquita de Süleymaniye

MEZQUITA KARIYE

B2 ⌂ Kariye Camii Soh, Kariye Meydanı, Edirnekapı ⏱ 9.00-18.00 sá-ju
ⓦ kariyecamii.com

La antigua iglesia de San Salvador en Chora, ahora mezquita Kariye (Kariye Camii), alberga una de las mejores colecciones de arte bizantino del mundo. Fue mandada construir entre 1315 y 1321 por el estadista bizantino Teodoro Metoquites. El templo se convirtió en mezquita en 1511 y sus obras de arte permanecieron ocultas hasta su hallazgo en 1860. La nave está reservada a los fieles musulmanes varones.

1 Exterior
Desde la parte trasera del edificio se percibe mejor su grandiosa arquitectura: sillares de mármol de colores, seis cúpulas, hileras de arcos, techumbres onduladas y en un extremo un alminar.

2 Genealogía de Cristo
Las dos cúpulas del endonártex (entrada oeste) están decoradas con 66 retratos de antepasados de Cristo. En una aparece la Virgen y el Niño con los reyes de la casa de David. En la otra se ve a Cristo rodeado por Adán, Abraham y Jacob junto a sus doce hijos.

3 Ministerio de Cristo
En los siete intercolumnios del exonártex y el intercolumnio sur del endonártex se detalla el ministerio de Cristo, incluidas las tentaciones y algunos de sus milagros.

4 Vida de la Virgen
La vida de la Virgen aparece representada en 20 mosaicos de los primeros tres intercolumnios del endonártex, basados en el evangelio apócrifo de Santiago. Se incluye una escena de los primeros pasos de María a los seis meses.

> **COMER**
> La tetería que hay frente a la mezquita Kariye es un lugar apacible para descansar mientras se toma un té y se contemplan las murallas de la ciudad vieja.

En el sentido de las agujas del reloj, desde abajo: mosaico del *Tránsito de la Virgen*; frescos bizantinos en el techo de la mezquita; exterior del complejo

![Cúpula del paraclesion]

La Virgen y el niño con ángeles, en el paraclesion

5 Paraclesion

En la zona sur del complejo hay una capilla que se usó para enterramientos y funerales cuyas paredes están cubiertas de frescos que representan el juicio y la resurrección. La tumba del muro norte se cree que podría ser la de Teodoro Metoquites.

6 El juicio final

En la cúpula principal del *paraclesion* se representa el juicio final, con Cristo en majestad flanqueado por la Virgen María, Juan el Bautista y los apóstoles.

7 Fresco de la anástasis

En este fresco sobre la resurrección, también en el *paraclesion*, aparece Cristo sacando a Adán y Eva de sus tumbas, con las puertas del infierno rotas y Satán a los pies del Señor.

8 Tránsito de la Virgen

Este bello mosaico de la nave muestra a Cristo junto al ataúd de su madre, acunando un bebé que representa su alma. Por encima está Azrael, el ángel de la muerte.

9 Mosaico de Teodoro Metoquites

Sobre la puerta que conduce del endonártex a la nave hay un bello mosaico que representa a Teodoro Metoquites ofreciendo su iglesia a Cristo, que alza la mano en señal de bendición desde un trono enjoyado.

10 Infancia de Cristo

Las escenas sobre la infancia de Cristo ocupan los paneles semicirculares del exonártex. Se basan en el Nuevo Testamento e incluyen el viaje a Belén, el empadronamiento de María y José para el pago de impuestos, la Natividad y la matanza de los inocentes.

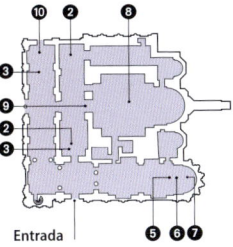

Entrada

Plano de la mezquita Kariye

🕀 GUÍA DE LA VISITA

Se accede por una puerta lateral, pero la entrada original era el exonártex, un largo pórtico que conduce al endonártex. La mayoría de los mosaicos está en los techos y paredes de estos dos nártex. El endonártex se abre hacia lo que era la nave de la iglesia. El altar está al final, flanqueado por la prótesis (capilla de la Comunión) y el diaconicón (sacristía). En el extremo sur está el paraclesion (capilla funeraria).

ÇEMBERLITAŞ

P4 · Vezirhan Cad 8 · 6.00-24.00 todos los días
cemberlitashamami.com

Ninguna visita a Estambul quedaría completa sin haber disfrutado de una sesión de vapor, enjabonado y masaje en un baño turco o hamam. Çemberlitaş, construido en 1584, está considerado uno de los más bellos de la ciudad. La esposa de Selim II, la sultana Nurbanu, encargó su construcción a Sinán para proporcionar apoyo económico a la mezquita Atik Valide en Üsküdar. Los turcos siguen acudiendo a Çemberlitaş, pero es mucho más frecuentado por turistas y fotógrafos.

Plano del hamam Çemberlitaş

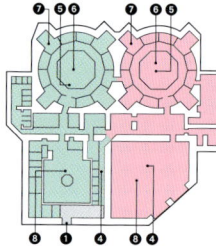

Simbología
- Zona para hombres
- Zona para mujeres

1 Entrada

Sobre la puerta de entrada hay una inscripción decorada con motivos rumi. En la taquilla se recibe un *peştemal*, que es una tela para cubrirse el cuerpo, un *kese* (guante áspero para frotarse) y fichas para entregar al personal. Desde aquí, hombres y mujeres se dirigen a zonas separadas.

2 Zona para hombres

El hamam original constaba de dos zonas idénticas, cada una con su propia entrada. El espacio reservado para los hombres, al que se accede desde Vezir Hani Caddesi, conserva el diseño concebido por su creador, el arquitecto Sinán.

3 Zona para mujeres

El vestuario femenino desapareció en 1868 al ensancharse Divanyolu Caddesi, por eso las mujeres se cambian en un pasillo. La sala caliente está intacta.

Las taquillas de madera del vestuario masculino

4 Vestuario (Camekan)

En el vestuario se adjudica una taquilla a los clientes y se les entregan unas zapatillas. La mayoría de la gente no lleva nada bajo el *peştemal*, pero se puede usar bañador. Estos espacios también tienen una sala común para socializar.

5 Salas calientes (Sıcaklık)

Las dos salas calientes están cubiertas por una cúpula que descansa sobre 12 arcos apoyados en columnas de mármol. Los pequeños óculos de la cúpula canalizan la luz a través del vapor hacia el suelo.

CONSEJO TOP 10

El calor del hamam puede deshidratar, por lo que conviene llevar una botella de agua.

Disfrutando de un baño de vapor en la sala caliente

6 Piedra central (Göbek Taşı)

En el centro de la sala caliente hay una gran losa de mármol donde los clientes se tumban y esperan a ser atendidos. Aquí los cubren de jabón y los frotan con el *kese*. Luego los enjabonan de nuevo, los limpian con un paño y les dan un masaje. Por último, les lavan el pelo y los enjuagan vigorosamente con cubos de agua.

7 Cubículos privados (Halvets)

Alrededor de las salas calientes hay una serie de estancias privadas con grifos de agua fría, templada y caliente para lavarse o refrescarse cuando el calor y el vapor resultan excesivos.

8 Sala fría (Soğukluk)

La sala fría es el lugar para sentarse y charlar. La de los hombres es tan elegante como en época de Sinán; la de las mujeres es más moderna. Luego se puede recibir un masaje con aceite.

9 Salas de masajes con aceite

En esta sala se masajea a varias personas al mismo tiempo bajo unas potentes luces.
El masaje, en el que se usan aceites esenciales, resulta bastante intenso, pero la sensación posterior es magnífica.

10 Extras

Se puede regresar tantas veces como se quiera a la sala de vapor o la sala fría. También se puede optar por un tratamiento completo con manicura, pedicura y cuidados faciales.

COSTUMBRES ANTIGUAS

El hamam, descendiente directo del baño grecorromano, fue adoptado con entusiasmo por los invasores islámicos, que creían firmemente que la limpieza acerca a la piedad. El baño se convirtió en un lugar no solo para limpiar y desintoxicar el cuerpo, sino también para restablecer el espíritu. A las mujeres, el rato dedicado al hamam les permitía escapar del reducido mundo en el que vivían y también elegir a las futuras nueras.

PALACIO DOLMABAHÇE

📍 H1 🏛 Dolmabahçe Cad 🕐 Para visitas guiadas: 9.00-17.30 ma-sá
🌐 millisaraylar.gov.tr 🔲🔲

El sultán Abdül Mecit encargó a los arquitectos armenios Garabet y Nikoğos Balyan la construcción de un magnífico palacio a orillas del Bósforo en 1843. El resultado fue Dolmabahçe Sarayı, finalizado en 1856. Sus 285 estancias y 43 salones decorados en oro y cristal rivalizan con la opulencia del palacio de Versalles en Francia. Irónicamente, esta extravagancia adelantó el fin del imperio, y el último sultán huyó de él hacia el exilio en 1922.

1 Fachada de la orilla

La fachada de mármol tiene 284 m de largo y resplandece a orillas del Bósforo. Las estancias oficiales están a la izquierda, el salón de ceremonias en el centro y el harén a la derecha.

COMER

El café que está junto a la torre del reloj da a los jardines del palacio y al Bósforo. Tomarse algo en la terraza al atardecer es una experiencia para recordar.

2 Puertas

El palacio tenía dos entradas ceremoniales, ambas con una rica ornamentación: la puerta del Tesoro, que hoy es la principal, y la puerta Imperial. En las dos hay un guardia de honor.

3 Salón de ceremonias (Muayede Salonu)

La cúpula de este gran salón tiene 36 m de altura. La araña de luces de cristal, regalo de la reina Victoria de Inglaterra, incluye 750 bombillas y pesa 4,5 toneladas. Es la mayor lámpara del mundo.

4 Harén

El harén consta de varios tipos de estancias (para el sultán, su madre, las esposas, las concubinas, los criados y los invitados). El amplio edificio contiene baños, una escuela, una maternidad y un espacioso salón central donde las esposas y concubinas se reunían para tomar el té.

5 Estancias de Atatürk

En los primeros años de la república, Atatürk utilizó el palacio como

La puerta Imperial, el
acceso principal al palacio

7 Estancias oficiales (Selamlık)

Las elegantes estancias orientadas al mar eran para el gran visir y los ministros y las que miran a tierra firme servían de oficinas administrativas.

8 Escalera de cristal

Esta escalera tiene balaustradas de cristal de Baccarat. Une las oficinas administrativas con los salones ceremoniales de arriba.

9 Torre del reloj

Esta torre con 4 plantas y 27 m de altura se añadió al palacio en 1890, durante el reinado del sultán Abdül Hamit II (p. 97). El reloj, que aún funciona, fue construido por el famoso relojero parisino Paul Garnier.

base en Estambul y mantuvo una oficina y un dormitorio en el harén. Aquí murió de cirrosis el 10 de noviembre de 1938 a las 9.05, hora a la que están parados todos los relojes del palacio.

6 Baños del sultán

El sultán disponía de dos baños: uno de mármol en el palacio principal y otro en el harén decorado con violetas.

ATATÜRK

Mustafa Kemal (1881-1938) llegó al poder en 1915 como artífice de la victoria turca en Galípoli. Era el líder de los Jóvenes Turcos y aprovechó su oportunidad al término de la Primera Guerra Mundial para abolir el sultanato (1922). Como primer presidente de Turquía, implantó el alfabeto latino, la escuela obligatoria y los derechos de la mujer. Aún se le idolatra como Padre de los Turcos (Atatürk) y está prohibido criticarlo en público.

10 Jardines

El palacio y los jardines ocupan un terreno que fue ganado al mar (Dolmabahçe significa jardín de relleno).

En el sentido de las agujas del reloj desde la derecha: Araña de cristal en el salón de ceremonias; escalera de cristal en forma de doble herradura; torre del reloj en los jardines del palacio; fachada de la orilla

CRUCERO POR EL BÓSFORO

📍 F4 🏛 Muelle de Eminönü 🕐 Crucero largo: 10.30 todos los días; crucero corto: 14.40 todos los días 🌐 sehirhatlari.istanbul 💬

El horizonte de Estambul es uno de los paisajes urbanos más famosos del mundo y, aunque existen muchos lugares para admirarlo, el mejor es sin duda la cubierta de un barco sobre el Bósforo. El económico ferri local permite disfrutar de un recorrido pausado frente al hermoso litoral y sus villas de madera.

1 Muelle de Eminönü

El ferri zarpa del muelle de Eminönü, el más importante de la ciudad. Hay puestos que venden *simit (p. 57)* y bocadillos de pescado.

2 Torre de la Doncella (Kız Kulesi)

Esta torre *(p. 101)* frente a la costa de Üsküdar alber-

CONSEJO TOP 10

Un crucero de solo ida parte del muelle de Eminönü hasta el puente de los Mártires del 15 de Julio.

ga un restaurante. Su nombre hace referencia a la leyenda de una princesa que pudo estar recluida en este lugar; también se conoce como torre de Leandro, héroe de la mitología griega.

3 Palacio Dolmabahçe (Dolmabahçe Sarayı)

El sultán Abdül Mecit casi hipotecó el imperio para construir este extravagante palacio de estilo europeo en la década de 1850 *(p. 40)*.

4 Ortaköy

Con una mezquita barroca junto a un puente, además de

La fachada ribereña de Ortaköy

buenos restaurantes, Ortaköy *(p. 98)* es un sitio popular para ir en fin de semana.

5 Puente de los Mártires del 15 de julio (15 Temmuz Şehitler Köprüsü)

Completado en 1973, este puente *(p. 42)* de

De crucero por el Bósforo

1.510 m de largo fue el primero en unir Europa y Asia. Su nombre es un homenaje a las 34 personas que murieron durante el golpe fallido de Turquía en 2016.

EXPLICACIONES MÍTICAS

Cuando la diosa griega Hera envió una nube de mosquitos para acosar a Ío, con la que competía por el afecto del dios Zeus, Ío se transformó en vaca y escapó a nado a través del estrecho, dando así nombre al Bósforo (vado de la vaca). En otro mito griego Jasón y los argonautas surcaron el Bósforo en busca del vellocino de oro, tal vez un eco de la tradición del mar Negro de usar vellones de cordero para cribar el oro.

6 Palacio Beylerbeyi, orilla asiática (Beylerbeyi Sarayı)

Este palacio *(p. 95)* se construyó en 1860-1865 como anexo de verano de Dolmabahçe *(p. 40)*. No tenía cocina, así que la comida se llevaba en barca.

7 Arnavutköy y Bebek

Los vecindarios de Arnavutköy (p. 98) y Bebek se ubican en la franja central del Bósforo. Las bonitas casas de madera *(yalıs)* del siglo XIX que bordean la orilla están entre las residencias más codiciadas de la ciudad.

8 Fortaleza de Europa (Rumeli Hisarı)

Mehmet II mandó construir este castillo en 1452, antes de atacar Constantinopla. En la orilla opuesta está la fortaleza igualmente impresionante de Asia (Anadolu Hisarı, *p. 98*), de finales del siglo XIV.

9 Sarıyer

Este pueblo es el principal puerto pesquero del Bósforo. Alberga un histórico mercado de pescado y varios restaurantes junto a la costa.

10 Anadolu Kavağı (orilla asiática)

Esta es la última parada del ferri, donde hay gente que vende almuerzos a base de pescado y helados. Yoros Kalesi, un castillo del siglo XIV, ofrece buenas vistas. El viaje de ida y vuelta son seis horas, incluida una parada de dos horas y media en Anadolu Kavağı.

Fortaleza de Europa, sobre el Bósforo

LO MEJOR DE ESTAMBUL

Un vaso de té turco

MUSEOS Y GALERÍAS

1 Istanbul Modern

Durante siglos el arte turco fue más conocido por la tradición que por la innovación, pero un número cada vez mayor de artistas turcos contemporáneos están explorando nuevas vías. Este museo (p. 95), instalado en un almacén remodelado del Bósforo, es una plataforma ideal para el arte de los siglos XIX al XXI.

Fachada del Museo Naval

2 Palacio Topkapı (Topkapı Sarayı)

Los edificios de este complejo (p. 22) resultan espectaculares y algunas de sus colecciones incluso más. Las muestras incluyen desde piezas de porcelana china de las cocinas hasta las joyas, tallas en marfil y esmeraldas de las cuatro salas del Tesoro. Entre las reliquias religiosas hay varios pelos de la barba del profeta.

3 Museo Naval (Deniz Müzesi)

Durante siglos los mares estuvieron controlados por la armada otomana, cuyas hazañas se recuerdan en este magnífico museo (p. 95) fundado en 1897. Las muestras incluyen mascarones de proa y grabados, aunque lo más destacado son las ornamentadas barcazas imperiales, entre las que se encuentran caiques y galeras.

4 Museo Militar (Askeri Müze)

Este museo (p. 88) incluye piezas fascinantes como las dagas curvas (cembiyes) que portaba la infantería otomana en el siglo XV y las tiendas usadas por los sultanes en las campañas militares. La banda Mehter, fundada en el siglo XIV, interpreta música militar todos los días a las 15.00.

5 Museo Pera (Pera Müzesi)

Este atractivo museo de propiedad privada (p. 89) combina bellas artes, como la obra *Mujeres tomando café* de Vanmour, con exposiciones modernas y antiguos pesos y medidas.

6 Museo Sakıp Sabancı (Sakıp Sabancı Müzesi)

Conocido como la la Mansión del Caballo (p. 96), este museo alberga la

Cerámica y porcelana china en el palacio Topkapı

colección del gran empresario turco Sakıp Sabancı. Las muestras abarcan 500 años de caligrafía otomana e incluyen pintura otomana y turca de los siglos XIX y XX.

7 Museo de Arte Turco e Islámico (Türk ve İslam Eserleri Müzesi)

Esta excelente colección, ubicada en el palacio del siglo XVI *(p. 67)* de İbrahim Paşa, recorre 1.300 años de historia del arte turco e islámico. Se pueden ver alfombras turcas, muestras de caligrafía y piezas etnográficas.

8 Museo Rahmi Koç (Rahmi Koç Müzesi)

Una fundición otomana y un astillero junto al Cuerno de Oro son el emplazamiento perfecto *(p. 82)* para esta colección de objetos mecánicos *(p. 82)*, que incluye coches antiguos, maquetas de aviones y un submarino.

9 Museo Sadberk Hanım (Sadberk Hanım Müzesi)

Esta colección *(p. 97)* con objetos antiguos de Anatolia, trajes otomanos y cerámica ocupa dos encantadoras mansiones junto al Bósforo.

10 Museo Arqueológico (Arkeoloji Müzesi)

La joya de este museo *(p. 30)* es la tumba de Abdalónimo de Sidón, conocida como sarcófago de Alejandro, en el que se representa la batalla entre Alejandro el Grande y los persas en Issus en 333 a. C.

Tumba de Abdalónimo, Museo Arqueológico

TOP 10 MUSEOS MENOS CONOCIDOS

1. SALT Beyoğlu
Esta galería *(p. 60)* se halla en un bloque de viviendas del siglo XIX en la bulliciosa İstiklal Caddesi *(p. 87)*.

2. Monasterio Mevlevi
Este monasterio *(p. 88)* convertido en museo está dedicado a los derviches.

3. Barış Manço Evi
 F3 Yusuf Kamil Paşa Sok 5, Kadıköy barismanco.kadikoy. bel.tr
Precioso museo dedicado al querido roquero turco y estrella de la televisión Barış Manço.

4. Museo del Ferrocarril, estación de Sirkeci
Entre las 300 piezas de este museo en la estación de Sirkeci destaca el vagón comedor del *Orient Express (p. 69)*.

5. Museo de la Memoria del 15 de Julio
Conmemora la resistencia al golpe de Estado de 2016 *(p. 98)*.

6. Museo Aşiyan
Esta mansión en el Bósforo recuerda a poetas y pensadores importantes del siglo XX *(p. 96)*.

7. Museo de Historia de la Ciencia y la Tecnología Islámicas
Fascinante museo que expone objetos antiguos utilizados desde la astronomía hasta la guerra.

8. Museo de la Inocencia
El novelista turco Orham Pamuk, premo nobel de literatura, creó este museo conceptual *(p. 88)*, dedicado a su libro homónimo.

9. Arter
 G1 Irmak Cad 13, Dolapdere, Beyoğlu arter.org.tr
Este centro cultural acoge exposiciones de arte contemporáneo.

10. Museo de Atatürk
 T3 Halaskargazi Cad 140, Şişli
 (0212) 240 63 19
Esta residencia alberga un museo dedicado al primer presidente de Turquía, Mustafa Kemal Atatürk *(p. 41)*.

MONUMENTOS BIZANTINOS

1 Santa Sofía (Ayasofya)
Santa Sofía *(p. 26)*, construida por el emperador Justiniano en el siglo VI, es uno de los mayores logros de la arquitectura mundial. El emperador se sentía tan orgulloso de su basílica que proclamó: "Gloria a Dios que me ha considerado digno de finalizar esta obra. Salomón, te he superado".

2 Cisternas
Para asegurar el abastecimiento de agua en épocas de paz y de guerra, los bizantinos construyeron grandes cisternas subterráneas. Las más bellas son la cisterna de la Basílica *(p. 69)* y la cisterna de las 1001 Columnas *(p. 70)*.

3 Muralla de Teodosio (Teodos II Surları)
🅿 A6
En el transcurso de 1.000 años la muralla construida por el emperador Teodosio II en 412-422 demostró ser una necesidad, ya que contuvo más de 20 ataques de hunos, árabes, búlgaros, turcos y rusos, hasta que sucumbió ante los otomanos en 1453. Se ha restaurado parte de ella.

4 Hipódromo (Meydanı)
Este antiguo hipódromo bizantino que tenía una longitud de unos 450 m *(p. 67)*, tenía capacidad para 100.000 espectadores. En él se celebraban eventos y en ocasiones se derramó sangre; la revuelta de Nika del año 532 acabó con alrededor de 30.000 muertos.

5 Museo de Mosaicos del Gran Palacio (Büyük Saray Mozaikleri Müzesi)
Solo se conservan fragmentos del Gran Palacio de los emperadores bizantinos y uno de ellos, hallado en la década de 1930, se expone en este museo *(p. 70)*. Es el pasillo que conducía del palacio al palco real del hipódromo, con escenas de caza en el suelo de mosaico.

6 Mezquita Fethiye (Fethiye Camii)
Esta iglesia bizantina construida en el siglo XII *(p. 81)* sirvió en su origen como iglesia y sede mundial a la fe griega ortodoxa durante los siglos XV y XVI. En 1573 fue convertida en mezquita. La antigua capilla funeraria de la mezquita no está abierta al público por obras de restauración.

Frescos de la cúpula de la mezquita Kariye

7 Mezquita Kariye (Kariye Camii)

El principal atractivo de esta iglesia bizantina del siglo XI (*p. 36*) es su maravillosa colección de mosaicos y frescos con escenas bíblicas.

8 Iglesia de los Santos Sergio y Baco (Küçük Ayasofya Camii)

En el casco histórico de la ciudad, al sur de la plaza Sultanahmet, se halla esta iglesia construida en el siglo VI (*p. 71*) en la que se conserva un friso griego original.

9 Acueducto de Valente (Bozdoğan Kemeri)

Este acueducto bien conservado (*p. 81*), construido en el siglo IV y que estuvo en uso hasta el XIX, era un elemento clave en la red de abastecimiento de agua potable a la capital bizantina desde los bosques de Tracia.

10 Santa Irene (Aya İrini Killsesi)

La iglesia de Santa Irene (*p. 71*), una de las más antiguas de Estambul, se alza dentro del patio exterior del palacio Topkapı. El templo se reconstruyó en el siglo VI y estaba hermanado con la cercana Santa Sofía (*p. 26*).

Obelisco egipcio, en el centro del hipódromo

TOP 10
PRINCIPALES GOBERNANTES BIZANTINOS

1. Constantino *(306-337)*
Constantino trasladó la capital del Imperio romano de Roma a Constantinopla en el 330. Puso en marcha un ambicioso plan de construcción en la ciudad, que incluyó el Gran Palacio y varias dependencias públicas.

2. Teodosio II *(408-450)*
Este emperador codificó la ley, fundó una universidad y construyó la muralla de la ciudad (*p. 48*).

3. Justiniano I *(527-565)*
Justiniano reformó las leyes y mandó construir edificios maravillosos, entre ellos Santa Sofía (*p. 26*).

4. Teodora *(527-548)*
Hija de un cuidador de osos, Teodora gobernó junto a su marido Justiniano I hasta su muerte.

5. Justiniano II *(685-695, 705-711)*
Los enemigos de Justiniano le derrocaron y le cortaron la nariz, ya que un hombre desfigurado no podía ser emperador. Recuperó el trono llevando, al parecer, una nariz de oro macizo.

6. Irene de Atenas *(797-802)*
Irene fue la primera mujer que gobernó el imperio por sí misma.

7. Basilio I *(867-886)*
El supuesto amante de Miguel III fue coronado emperador consorte en 866; luego asesinó a Miguel para reinar en solitario.

8. Zoë *(1028-1050)*
Zoë se casó 3 veces tras convertirse en emperatriz a los 50 años.

9. Romano IV Diógenes *(1067-1071)*
Romano fue derrotado por los seléucidas en Manzikert en 1071 y enviado al exilio.

10. Constantino XI Paleólogo *(1449-1453)*
El último emperador bizantino, Constantino XI, murió defendiendo la muralla de la ciudad en 1453.

LUGARES DE CULTO

1 Mezquita de Süleymaniye (Süleymaniye Camii)

Esta gran mezquita (*p. 34*) que domina el horizonte del Cuerno de Oro es el mayor logro de Mimar Sinán, el arquitecto más destacado del Imperio otomano. Se levantó en 1550-1557 sobre el solar del antiguo palacio Eski Saray y hace justicia a su fundador, Solimán I (*p. 69*).

2 Mezquita Azul (Sultanahmet Camii)

Esta maravillosa mezquita (*p. 28*), encargada por el sultán Ahmet I, la construyó el arquitecto imperial Sedefkar Mehmet Ağa, discípulo del gran Sinán, entre 1609 y 1616. Su nombre hace referencia al color de los azulejos que revisten el interior.

3 Mezquita Fatih (Fatih Camii)

Mehmet II mandó construir la mezquita original para celebrar la toma de Constantinopla en 1453; su nombre significa mezquita del conquistador. El edificio actual (*p. 81*) se levantó en el siglo XVIII, después de que un terremoto destruyera el anterior en 1766.

4 Mezquita del Sultán Eyüp (Eyüp Camii)

Esta mezquita (*p. 82*), ubicada en el Cuerno de Oro y reconstruida tras el terremoto de 1766, es uno de los lugares más sagrados del islamismo. Rodea la tumba del santo del siglo VII Eyüp el-Ensari, portaestandarte de Mahoma.

5 Mezquita de Atik Valide (Atik Valide Camii)

La antigua mezquita de la Madre del Sultán (*p. 104*), una de las más bellas de Estambul y última gran obra de Sinán, se finalizó en 1583 para la influyente Nurbanu, esposa de Selim III y madre de Murat III. Se levantó en la colina más alta de Üsküdar.

6 Iglesia de San Jorge (Ortodoks Patrikhanesi)

La iglesia de San Jorge (*p. 84*) está en el complejo del Patriarcado ortodoxo griego. Se construyó en 1720 y posee un bello mosaico del siglo XI de la Virgen María.

7 Iglesia de Santa María de los Mongoles (Kanlı Kilise)

La princesa María, hija ilegítima del emperador bizantino Miguel VIII Paleólogo, se casó con el kan mongol Abaqa. Tras la muerte de este en 1282, ella fundó un convento y también esta iglesia (*p. 84*), el único templo griego ortodoxo de Estambul que no fue convertido en mezquita por Mehmet II.

Los minaretes de la mezquita
de Süleymaniye

8 Iglesia de Cristo
Este bello templo neogótico
(p. 90), consagrado en 1868 como iglesia
Memorial de Crimea, fue remodelada y
rebautizada en la década de 1990. Es la
mayor iglesia protestante de Estambul.

9 Iglesia de San Antonio de Padua (Sent Antuan Kilisesi)
La mayor iglesia católica romana de
Estambul se construyó entre 1906 y
1912 y actualmente alberga una
pequeña comunidad de monjes
franciscanos *(p. 90)*.

10 Patriarcado armenio (Ermeni Patrikhanesi)
🟦 E6 🏠 Sevgi Sok 6, Kumkapı
Los armenios llegaron a Estambul en
1461, invitados por el sultán Mehmet II
para que ayudaran a reconstruir la
ciudad tras su conquista en 1453. La
iglesia de la Santa Madre de Dios
(Surp Asdvadzadzin), frente al edificio
del Patriarcado, es la principal iglesia
de la ahora mermada comunidad
armenia.

Las lámparas de la nave del
Patriarcado armenio

TOP 10
ETIQUETA
ISLÁMICA

Mujeres ataviadas con hiyabs

1. Cubrirse la cabeza
Las mujeres deben cubrirse la cabeza
al entrar en las mezquitas.

2. Atuendo
Vestir con recato y cubrir, con rodillas,
hombros y ombligo (hombres y
mujeres).

3. Zapatos
Quitarse los zapatos antes de entrar
en una mezquita o una casa turca.

4. Contacto físico
Evitar el contacto físico,
especialmente besos y abrazos, en
mezquitas y alrededores.

5. Visitas turísticas
No acudir a las mezquitas durante la oración (en especial el viernes al mediodía).

6. Bromas sobre el Islam
No bromear sobre el Islam ni criticar
nada relacionado con él.

7. Mano izquierda
En algunos países islámicos no comen
ni pasan comida con la mano izquierda;
en Turquía no existe esta costumbre.

8. Cerdo y alcohol
Muchos turcos beben alcohol, pero
no se debe ofrecer alcohol o carne
de cerdo a un musulmán, ni tampoco
consumirlos si se desconocen las
costumbres de los acompañantes.

9. Reservados familiares
Algunos restaurantes tienen
reservados familiares *(aile salonu)*, a
los que se conduce a las mujeres. Los
hombres solo los ocupan en familia.

10. Ramadán
Hay que evitar comer y beber en público
en las horas de luz durante el Ramadán.

FUERA DE LAS RUTAS HABITUALES

La sinagoga Neve Shalom, sede del Museo Judío

1 Museo Judío

🔹 F2 🔹 Sinagoga Neve Shalom, Büyük Hendek Cad 39, Karaköy 🔹 Los horarios varían, consultar la página web 🔹 muze500.com 🔹

Este pequeño e interesante museo se encuentra en la sinagoga Neve Shalom, cerca de la torre Gálata. El museo relata la historia de los judíos a los que se acogió en Estambul tras su expulsión de España a finales del siglo XV, durante el reinado de los Reyes Católicos.

2 Columna de Marciano (Kıztaşı)

🔹 C4 🔹 Cruce de Kıztaşı Cad con Dolap Sokak, Fatih

Esta columna de granito, con menor altura pero más impresionante que la más conocida Çemberlitaş (columna de Constantino), data del siglo V. Tiene un capitel corintio con águilas y una basa labrada en la que aparece Niké, la diosa de la victoria.

3 Zoodochus Pege (Balıklı Kilise)

🔹 A6 🔹 Balıklı Silivrikapı Sok 3, Zeytinburnu 🔹 (0212) 582 30 81 🔹 8.30–16.30 todos los días

Esta bella iglesia ortodoxa griega del siglo XIX está ubicada en un arbolado cementerio que comparten cristianos y musulmanes. En la capilla inferior hay un manantial de aguas cristalinas con peces.

4 Mezquita de Mihrimah (Mihrimah Cami)

⊞ B2 🏠 Fevzi Paşa Cad 353, Edirnekapı
🕐 Amanecer-atardecer todos los días

Esta obra maestra del arquitecto Sinán *(p. 35)* está dedicada a la hermosa Mihrimah, hija de Solimán el Magnífico. La mezquita se encuentra en lo alto de la colina más elevada del casco antiguo.

5 Depo

⊞ G2 🏠 Lüleli Hendek Cad 12, Beyoğlu 🕐 11.00-19.00 ma-sá
🌐 depoistanbul.net

Esta elegante galería está instalada en un antiguo almacén de tabaco y acoge exposiciones muy variadas. Muchas tienen temáticas poco habituales, como las dificultades de las minorías cristianas en Turquía y similares. También se proyectan documentales.

6 Safa Meyhanesi

⊞ A6 🏠 İlyasbey Cad 169, Yedikule 📞 (0212) 585 55 94

Este *meyhane* (taberna) en el histórico barrio de Yedikule, muy cerca de la fortaleza homónima, es quizá el más atractivo de la ciudad. La decoración (carteles antiguos de *rakı*, techos altos y suelos de madera) no ha cambiado desde la década de 1940. Ideal para beber *rakı* y comer *meze* y pescado.

7 Vefa Bozacısı

⊞ E4 🏠 Vefa Cad 66, Fatih
🕐 8.00-24.00 todos los días
🌐 vefa.com.tr

Aunque no se vaya a beber el *boza* (bebida de mijo fermentado) que ha dado fama a este local, merece la pena visitarlo por su interior de finales del

Galería en el patio de la mezquita de Mihrimah

siglo XIX con cristal tallado, madera oscura y azulejos de İznik. El *boza* se fabrica en la parte trasera.

8 Edificio de la Municipalidad de Estambul

⊞ D4 🏠 15 Temmuz Şehitleri Cad, Fatih 📞 (0212) 455 13 00

Este enorme edificio de 1953 introdujo la arquitectura moderna internacional en el casco antiguo. Fue una especie de favor devuelto, si se piensa que Le Corbusier incorporó a su obra influencias de la arquitectura otomana tras visitar la ciudad en 1911.

9 Mercado de los Amantes de las Palomas de Edirnekapı (Güvercin Pazarı)

⊞ C2 🏠 Ayvansaray, Hoca Çakır Cad 70

Todos los sábados y domingos se reúnen en este fascinante bazar a la sombra del palacio bizantino de los Porfirogénetas *(p. 84)* amantes de las palomas de toda la ciudad, que acuden a comprar y vender aves. Lo mejor es tomarse un té en la tetería que hay enfrente y disfrutar del ambiente.

10 Parque Emirgan

El parque más colorido de Estambul *(p. 98)* se extiende junto al Bósforo, por encima del segundo puente colgante, y está salpicado de quioscos y pabellones de madera con aspecto de chalés suizos. Incluye un pequeño lago y juegos infantiles y en abril se llena de flores para el Festival del Tulipán *(p. 62)*.

TIENDAS Y MERCADOS

1 Caferağa Medresesi
Este edificio (*p. 70*), creado por el gran arquitecto Sinán (*p. 35*) como madrasa (escuela teológica), alberga varias tiendas de artesanía que fabrican y venden sus propios productos.

2 Mercadillo de Çarşamba (Çarşamba Pazarı)
🅟 C3
Este animado mercadillo es tan famoso que todo el barrio ha adquirido el nombre de Çarşamba (miércoles), por el día en que se celebra. Hay muchos puestos de fruta, verdura, queso, especias, frutas desecadas y frutos secos. Otros ofrecen ropa barata y objetos más cotidianos, como rodillos de madera para hacer panes planos y molinillos de café metálicos. Los puestos se extienden por varias calles al norte y oeste de la mezquita Fatih, en una zona musulmana muy devota.

3 Gran Bazar (Kapalı Çarşı)
El Gran Bazar (*p. 32*), uno de los mercados más antiguos, grandes y atractivos del mundo, se creó en el siglo XV para albergar a los comercian-tes de seda, especias y oro. Aún se venden estos tres productos, además de lámparas de cristal, chaquetas de cuero y preciadas alfombras.

4 İstiklal Caddesi
İstiklal Caddesi (*p. 87*), la principal calle comercial moderna de la ciudad, está abarrotada día y noche toda la semana. Existen multitud de cafés para hacer un descanso durante la búsque-da de prendas de diseño a buen precio (en İş Merkezi) o ropa *vintage* en el pasaje Sirio (Suriye Pasajı).

5 Çukurcuma
Muchos viajeros se enamoran de este antiguo barrio (*p. 88*) de Beyoğlu y sus variados anticuarios y tiendas de segunda mano, cuyas mercancías invaden las calles alrededor de Turnacıbaşı Sokağı. Es perfecto para una mañana de compras.

6 Centro Zorlu
🅟 C4 🅐 Koru Sokak, Zincirlikuyu
🅦 zorlucenter.com
Tabanlıoğlu, uno de los principales estudios de arquitectura de Turquía, diseñó este complejo vanguardista con

Moderno complejo comercial, Centro Zorlu

vistas al puente de los Mártires del 15 de Julio. Alberga el centro de artes escénicas PSM, multitud de tiendas modernas, un cine de alta tecnología y el hotel Istanbul Raffles.

7 Nişantaşı
 C5

Nişantaşı (y su vecina Teşvikiye) es donde los aficionados a la moda de la ciudad acuden a comprar marcas internacionales como Versace y Dior.

8 Bazar Arasta (Arasta Çarşısı)

Este bazar pequeño y elegante *(ver p. 70)* es el mejor lugar para comprar recuerdos en Sultanahmet. Se construyó para financiar el mantenimiento de la mezquita Azul y ofrece alfombras, joyas y artesanía en un ambiente relativamente tranquilo y cerca de los principales monumentos y hoteles.

9 Bağdat Caddesi, Kadıköy
 U4

Conocido como los Campos Elíseos de Estambul, este amplio bulevar está repleto de *boutiques* de lujo y marcas internacionales.

10 Bazar de las Especias (Mısır Çarşısı)

Este mercado, también conocido como bazar Egipcio *(p. 76)*, es el mejor lugar para adquirir pequeños regalos. En él hay puestos con especias, delicias turcas y recuerdos baratos y bonitos.

Farolillos y otros productos a la venta en el Gran Bazar

TOP 10
MEJORES COMPRAS

1. Joyas
Los metales preciosos se venden al peso, con un recargo por la mano de obra. Existen muchas opciones, incluido diseñar uno mismo la joya.

2. Alfombras
Las alfombras son la máxima expresión del arte turco, y se puede comprar una para la casa.

3. Cuero
Los objetos de cuero tienen muy buena relación calidad/precio y se venden en todos los estilos, colores y calidades. Es posible encargar piezas personalizadas.

4. Ropa
Se pueden encontrar prendas de buena calidad y magnífico diseño a precios razonables.

5. Tejidos
Tanto el algodón como la seda tienen precios asequibles. Los pañuelos de seda son un magnífico regalo.

6. Especias
Es difícil resistir la tentación de comprar especias. Si se quiere azafrán, conviene asegurarse de que no sea alazor, una alternativa más barata.

7. Reproducciones históricas
Las reproducciones en miniatura son fáciles de transportar y muy atractivas.

8. Recuerdos
Se pueden comprar toallas y objetos de fieltro artesanales.

9. Ojos turcos
Los ojos turcos son en realidad un amuleto para evitar el mal de ojo. Se crea en ello o no, resultan un regalo atractivo.

10. Comida
Las delicias turcas, almendras, avellanas, melaza de granada y todo tipo de alimentos son magníficos regalos.

Especias a la venta

COMIDA LOCAL

1 Meze
Las cenas turcas suelen empezar con unos *meze* o entrantes. La variedad es amplia y se puede incluso realizar una comida completa a base de ellos. Las opciones frías incluyen *haydari* (yogur con menta y ajo), *midye pilaki* (mejillones cocinados en aceite de oliva) y *çerkez tavuğu* (pollo frío desmenuzado en salsa de nueces espesada con pan). Entre las opciones calientes hay kebabs de higadillos de pollo, calamares o *koç yumurtası* (criadillas de cordero fritas).

2 Dulces
Los dulces se venden en tiendas especializadas y puestos ambulantes y los restaurantes los sirven de postre. El más famoso es el *baklava* (hojaldre bañado en sirope), pero hay muchos tipos con miel, siropes, mazapán,

almendras y pistachos. Están todos deliciosos.

3 İmam bayıldı (imán desmayado)
Este plato de berenjena rellena con tomate y cebolla es un clásico turco. Al parecer, el imán al que alude su curioso nombre lo encontró tan delicioso que se desmayó.
La berenjena es un ingrediente esencial de la cocina turca y los cocineros de la corte otomana podían prepararla de 150 formas.

4 Dolma
La palabra *dolma* significa 'relleno' y se usa para cualquier alimento relleno, como pimientos, tomates y berenjenas. La versión más habitual, que se come fría, es la de hojas de parra rellenas de arroz, cebolla, frutos secos y hierbas.

5 Kebabs y *köfte*
La exportación culinaria más famosa de Turquía es el kebab. El *döner* kebab lleva finísimas lonchas de carne asada (normalmente de cordero) que se cortan de un espetón y el *şiş* kebab es pollo o cordero cortado en dados y

Bandejas con diferentes tipos de *baklava*

**Desayuno tradicional
turco con *meze***

asado en brochetas. El *köfte* es carne
picada que se ensarta en brochetas y
se asa como un *izgara* kebab.

6 Çoban salatası (ensalada del pastor)

Esta ensalada de acompañamiento
de tomate, pepino, pimiento picado,
lechuga, perejil, apio, zumo de limón
y aceite de oliva es un plato ligero,
saludable, vistoso y refrescante. Los
tomates turcos son de los mejores
del mundo.

7 Pescado y marisco

El *taze balık* (pescado fresco) es
un bocado muy popular. La captura
del día suele servirse a la brasa, con
arroz o patatas y ensalada. El marisco
y los calamares se preparan en forma
de *meze*. El *hamsi pilavı* (boquerones
con arroz) es un delicioso plato del
mar Negro.

8 Güveç (estofados)

Los estofados, un plato habitual
en los restaurantes *lokanta (p. 110)*,
son populares en invierno y suelen
elaborarse con cordero, tomate
y cebolla.

9 Börek

Pasteles salados servidos en
bandejas de *meze* o en solitario, como
comida rápida. Planos o enrollados, se
rellenan con queso y perejil, espinacas
o carne. Excelente tentempié.

10 Mantı

Ravioli rellenos de carne con
salsa de yogur y mantequilla de
tomate; se sirven aderezados con
menta, orégano, pimienta roja y
zumaque. Algunos restaurantes
también sirven la versión
kızarmış (frita) de este plato
cocido o un mixto de los dos.
También se encuentran versiones
vegetarianas, rellenas a base de
patatas, espinacas o berenjena.

TOP 10
ESPECIALIDADES DE ESTAMBUL

1. *Gözleme*
El *gözleme* es una tortita enrollada
con relleno salado.

2. *İşkembe çorbası*
La sopa de callos es una especialidad
local que, al parecer, cura la resaca.

3. Yogur de Kanlıca
Este yogur firme y cremoso de
Kanlıca es el mejor de la ciudad.

4. *Lokum*
La delicia turca la inventó un
pastelero de Estambul *(p. 91)*. Ahora se
elabora de muchos sabores y se vende
en todas partes. Aún sigue abierta la
tienda original en Bahçekapı
(Hamidiye Cad 81).

5. *Simit*
El *simit* es un pan con sésamo en
forma de rosca que se parece mucho
al pretzel.

6. *Maraş dondurması*
Para elaborar el *maraş dondurması*
(helado elástico) se usa como espe-
sante el tubérculo de una orquídea
silvestre. Puede estirarse hasta 60 cm.

7. *Rakı*
El *rakı* es un licor transparente con
base anisada similar al *ouzo* griego,
que se bebe diluido en agua.

8. *Aşure*
Se dice que este plato festivo, también
llamado pudin de Noé, lo elaboró la
esposa de Noé con los restos que
había en el arca al final del diluvio.

9. *Elma Çayı*
En las tiendas de alfombras suelen
ofrecer esta bebida de manzana
como alternativa al té.

10. Çay y kahve
Tanto el *çay* (té) como el *kahve*
(café) son fuertes y
se toman solos
y azucarados,
en pequeñas
cantidades.

**Típico té negro
con limón**

VIDA NOCTURNA

1 Jazz
La leyenda del jazz Dizzy Gillespie visitó Estambul en 1956 y ese mismo año se inauguró en Bebek el primer club de jazz de la ciudad, 306. Otros sitios importantes son Nardis *(p. 92)* y Salon IKSV *(p. 92)*, que alberga cada año el Festival de Jazz de Estambul *(caz.iksv.org)*.

2 Ceremonias con derviches
Fundada por el poeta sufí Rumi en el siglo XIII, la danza de los derviches giróvagos es una forma de meditación para acercarse a Dios. Los *mevlevis* (intérpretes) llevan largas capas negras que simbolizan el peso del ego y de las que se van desprendiendo durante los giros *(sama)*, en una muestra de liberación. La actuación dura unas dos horas; se recomienda el Centro Cultural Hodjapasha *(p. 78)* y la casa museo Galata Mevlevi *(p. 88)*.

3 Bares de *shisha*
El narguile, o pipa de agua, originario de India e Irán, lo introdujo en Turquía el sultán Ahmet I en 1603. Se consideraba un símbolo de estatus. El tabaco se calienta con carbón y a menudo tiene sabores (las mas populares son la fresa y la manzana). El humo, al pasar por el agua, es más suave. Karaköy *(p. 97)* es el que tiene una mayor concentración de bares de *shisha*.

4 Teatro
Compañías de toda Europa actúan en Estambul en inglés. Se las puede ver en el Centro Zorlu *(p. 54)*, en el Salon IKSV *(p. 92)* y en el teatro del Centro Cultural Atatürk *(p. 92)*.

5 Crucero con cena por el Bósforo
Los cruceros nocturnos por el Bósforo *(p. 42)* combinan ver atardecer sobre la ciudad con cena y espectáculo en directo como danza del vientre. A menudo incluyen la recogida y el traslado al hotel.

6 Hamam
En el pasado, estos baños públicos, con saunas revestidas de mármol, eran la única forma de asearse, y muchos, como Çemberlitaş *(p. 38)*, son obras maestras de la arquitectura otomana. El cliente es envuelto en una toalla *(peştemal)* y luego se le exfolia con un guante, se le aclara y un empleado del mismo sexo le da un masaje. La mayoría tienen horarios diferentes para hombres y mujeres.

7 Danza del vientre
Existe la idea equivocada de que las concubinas del sultán bailaban danza del vientre para seducirlo. En realidad, ya desde principios del siglo XV había grupos de bailarinas itinerantes, llamadas *chengis*, que entretenían

**El Centro Cultural Ataturk,
con versiones teatrales en inglés**

a las mujeres del harén. Una de las actuaciones más populares la ofrece el Centro Cultural Hodjapasha (p. 78).

8 Discotecas
En Estambul actúan DJ internacionales de primera. En torno a la plaza Taksim (p. 98) proliferan las discotecas, y también hay opciones más sofisticadas, como Frankhan (p. 92), en los barrios de Beşiktaş y Ortaköy.

9 Conciertos
La pugna de influencias asiáticas y europeas da lugar a que exista una tentadora oferta de conciertos, clásicos y contemporáneos. El Centro Zorlu (p. 54) debe ser la primera parada, pero también son atractivos la Ópera de Süreyya, de inspiración art déco (sureyyaoperasi.kadikoy.bel.tr/en), el Salon IKSV (p. 92) para conciertos clásicos, o Dorock XL Kadiköy (535 363 9349) para actuaciones en directo.

10 Escena LGTBIQ+
La homosexualidad es legal en Estambul, pero hay que tener en cuenta que no es costumbre mostrar afecto en público, independientemente del sexo. Los establecimientos LGTBIQ+ se concentran en torno a Beyoğlu, Kadıköy, Kurtuluş y Beşiktaş. Para tomar algo, se puede ir al Café Mor Kedi (0212 244 2592), y para bailar, a Tek Yön Club (tekyon.club).

Un espectáculo de danza del vientre en el Centro Cultural Hodjapasha

TOP 10
BARES EN AZOTEAS

1. 360
Situado en lo alto de Mısır Apartment, 360 (p. 92) ofrece actuaciones variadas, desde tragafuegos a violinistas.

2. Mikla
Mikla (p. 93), elegante y tenuemente iluminado, destaca por su premiada comida y también por sus excelentes cócteles.

3. 16 Roof
▣ H1 ▣ Swissôtel The Bosphorus Istanbul, Acısu Sok 19 ▣ swissotel.com/hotels/istanbul
Terraza con varios pisos y excelentes vistas en la que codearse con lo más moderno de Estambul. Los fines de semana hay DJ.

4. Simone
▣ F2 ▣ RUZ Hotel, General Yazgan Sok 6 ▣ ruzhotels.com
Bar boutique con cócteles de autor y vistas de 360.

5. Balkon
▣ F2 ▣ Şehbender Sok 5 ▣ balkonbeyoglu.com
Bar de aire desenfadado con música y una concisa lista de cócteles clásicos.

6. Vogue Restaurant
▣ U3 ▣ BJK Plaza, Süleyman Seba Cad 48 ▣ voguerestaurant.com
Impecable sushi y buenos cócteles en este establecimiento para ver y ser visto.

7. Seven Hills
▣ G6 ▣ Cankurtaran, Tevkifhane Sok 8 ▣ sevenhillsrestaurant.com
Bar y marisquería con las mejores vistas de la mezquita Azul y Santa Sofía.

8. The Bank Roof Bar
Opción de postín en lo alto del hotel The Bank (p. 117), en el distrito de moda, Karaköy.

9. The Roof at the Ritz-Carlton
▣ H1 ▣ Süzer Plaza Askerocaği Cad 6 ▣ morecravings.com/tr/venues/the-roof
Aire ibicenco gracias a las cabañas y a una piscina que quita el hipo en un lateral.

10. Restaurant 24
Sofisticadas copas en el último piso del George Hotel Galata (p. 115).

ESTAMBUL GRATIS

1 Misir Apartment
📍 F1 🏠 İstiklal Cad 163, Beyoğlu
Este elegante bloque de viviendas de estilo *art nouveau* alberga varias galerías de arte pequeñas pero prestigiosas, entre ellas Zilberman Gallery y Galen Nev. También merece la pena subir al bar restaurante de la azotea, el 360 *(p. 92)*, que ofrece vistas panorámicas gratuitas de la ciudad.

2 Mezquitas otomanas
Uno de los mayores atractivos de Estambul es su colección de mezquitas del periodo otomano, todas ellas con uno o varios alminares. Muchas tienen el interior revestido con bellos azulejos de İznik, y en todas se percibe ese indefinible aire de tranquilidad.

3 Iglesias
Muchas iglesias bizantinas se convirtieron en mezquitas en el periodo otomano, pero la ciudad mantuvo una considerable comunidad cristiana hasta después de la Primera Guerra Mundial. Entre los templos aún en uso, se puede visitar la iglesia neogótica de San Antonio de Padua *(p. 90)* o la iglesia ortodoxa griega de San Jorge *(p. 84)*.

4 Cisterna del parque Gülhane
📍 S3 🏠 Gülhane Parkı, Fatih
🕐 10.00-19.00 ma-do
Esta cisterna, bien conservada, se construyó entre los siglos V y VII.

Se redescubrió en 1913 al convertirse parte de los terrenos del palacio Topkapı *(p. 22)* en parque público.

5 Parques
Estambul tiene una población de unos 17 millones de habitantes. Para escapar de la congestión, muchos aprovechan los frondosos y antiguos parques de la ciudad. Los mejores son Emirgan *(p. 98)*, Gülhane *(p. 70)*, Yıldız en el Bósforo y Caddebostan en Kadikoy.

6 Paseo por la muralla de Teodosio
Esta triple defensa del siglo V *(p. 48)* salvó a Constantinopla de Atila el huno y muchos otros durante más de un milenio. La muralla ha sobrevivido bastante bien, y recorrer sus 6 km de largo desde el mar de Mármara al norte hasta el Cuerno de Oro resulta un fascinante viaje en el tiempo.

7 SALT Beyoğlu
📍 F1 🏠 İstiklal Cad 136, Beyoğlu
🌐 saltonline.org
Esta galería sin ánimo de lucro, instalada en un edificio del siglo XIX en İstiklal Caddesi, se abrió en 2011 y es uno de los principales espacios de exposición de la ciudad. Incluye librería, sala de proyecciones y terraza de invierno en la azotea.

8 Meşher

F2 **İstiklal Cad 211, Beyoğlu**
mesher.org

Meşher es conjunto bellamente restaurado de las viviendas estilo europeo que se construyeron a finales del siglo XIX en Istiklal Caddesi, luego conocida como Grande Rue de Péra. Alberga todo tipo de exposiciones, desde objetos bizantinos a arte contemporáneo.

9 Centro de Investigación de Koç para las Civilizaciones de Anatolia

F2 **Merkez Han, İstiklal Cad 181, Beyoğlu** **anamed.hu.edu.tr**

Esta sala de exposiciones ofrece muestras bien presentadas sobre arqueología, historia cultural. El centro forma parte de la Universidad de Koç y dispone de una buena biblioteca en la planta alta, solo para investigadores.

10 Mercado de pescado de Karaköy

F3

Mercado al oeste del puente Gálata, en Karaköy. No hay que perderse los boquerones *(hamsi)* en temporada. Se puede caminar por la costa hacia el puente del metro Haliç para contemplar el Cuerno de Oro lleno de ferris y las mezquitas del casco viejo al fondo.

El parque Gülhane, con una cisterna en buen estado

TOP 10
IDEAS PARA AHORRAR

Un concurrido puesto

1. Puestos de comida
Estos puestos venden tentempiés, como *simits*, arroz con garbanzos y *tantuni* (carne frita picante).

2. Transporte público
Con la Istanbulkart *(istanbulkart.istanbul)* se ahorra hasta un 33 % en cada viaje en transporte público.

3. Ocio
Muchos artistas y músicos callejeros actúan en ferris y estaciones de metro.

4. Alcohol
Los restaurantes que sirven alcohol con las comidas son siempre más caros.

5. Galerías de arte
Hay muchas galerías de arte gratuitas en torno a İstiklal Caddesi y arte callejero en el alternativo Kadiköy.

6. Descuentos
Hay abonos para conseguir descuentos en los monumentos *(muze.gov.tr/MuseumPass)*.

7. Ropa
Beyoğlu İş Merkezi, en İstiklal Cad 187, y Terkoz Çıkmaz İş Merkezi, junto a İstiklal Caddesi, venden ropa asequible.

8. Bazar
En las calles que rodean el bazar de las Especias la relación calidad/precio es mejor.

9. Ferris
Los ferris del Cuerno de Oro o las islas de los Príncipes son más baratos que un crucero por el Bósforo *(p. 12)*.

10. Vida nocturna
En la mayoría de *meyhanes* (tabernas), lo mejor es el todo incluido con bebidas ilimitadas.

FESTIVALES Y EVENTOS

1 Festival del Tulipán
Abr

La flor nacional de Turquía es el tulipán (*lale*), que aparece en los azulejos de İznik y ahora también en los aviones de Turkish Airlines. Cada abril, millones de bulbos florecen en la ciudad y hay un certamen para elegir los cien mejores. Para disfrutar del estallido de color, no hay nada como pasear por parques como Emirgan y Gulhane.

2 Festival Internacional de Cine de Estambul
Abr ⓦ film.iksv.org

Desde su creación en 1982, este festival ha proyectado más de 3.000 películas de 76 países. Uno de los premios destacados es el que se otorga a toda una carrera, que han recibido entre otros el actor estadounidense Harvey Keitel y la estrella italiana Sofía Loren. Las proyecciones tienen lugar en cines de Nişantaşı, Beyoğlu y Kadıköy.

3 Festival del Azúcar (Şeker Ramazan Bayramı)
Tres días de abr, las fechas varían

El Festival del Azúcar señala el final del mes de ayuno de Ramadán. Los habitantes de Estambul reparten dulces, visitan a parientes y disfrutan de actos culturales, y los bares y clubes vuelven a llenarse. Muchos aprovechan la festividad para salir unos días de la ciudad y escapar del bullicio.

4 Conquista de Estambul
May-jun

Durante la celebración de la conquista de la ciudad se ofrecen recreaciones de la toma en 1453, actuaciones de la banda militar otomana Mehter y mucho más. La fiesta dura una semana, pero el día grande suele ser el 29 de mayo.

5 Festival Internacional de Música y Danza de Estambul
Jun ⓦ muzik.iksv.org

Una gran variedad de solistas, bandas y orquestas famosas ha visitado los escenarios de este prestigioso festival desde su creación en 1973.

6 Festival Internacional de Jazz de Estambul
Jun-jul ⓦ caz.iksv.org/en

El Festival de Jazz se creó como un evento independiente en 1994. La música es muy variada y se puede escuchar desde Björk o Elvis Costello hasta Brad Mehldau. Los conciertos tienen lugar en espacios diversos, como clubes tradicionales, escenarios al aire libre o un barco en el Bósforo.

Jacob Collier y Makaya McCraven en el Festival Internacional de Jazz de Estambul

Exhibición de flores durante
el Festival del Tulipán

7 Fiesta del Sacrificio (Kurban Bayramı)

Cuatro días de jun/jul, las fechas varían
Esta fiesta, también conocida como Eid-ul-Adha, conmemora la versión coránica del sacrificio de Abraham y se celebra dos meses y diez días después del fin del Ramadán. Los musulmanes sacrifican un cordero la mañana del primer día de fiesta e invitan a sus amigos y familiares a una suculenta comida, aunque gran parte de la carne se destina a la caridad. Conviene tener en cuenta que esta es la principal fiesta en Turquía, por lo que todo está cerrado y los transportes públicos se ven muy reducidos.

8 Bienal de Estambul

Sep-nov, solo en años impares
🌐 bienal.ihsv.org
La Bienal de Estambul sirve de escaparate al arte visual contemporáneo de Turquía y el resto del mundo. Cada festival está dirigido por un comisario de diferente nacionalidad, que elige la temática y organiza el programa de exposiciones, conferencias y talleres. Desde 2017 la ciudad recibe como regalo una obra creada para el festival.

9 Festival Internacional de Marionetas de Estambul

Oct-nov 🌐 istanbulkuhlafesti
vali.com
El *karagöz*, o teatro de sombras turco, es un entretenimiento tradicional otomano adecuado para toda la familia. Llegan titiriteros incluso de China a mostrar sus creaciones.

10 Maratón de Estambul

Nov 🌐 maraton.istanbul
Cada noviembre, los atletas pueden participar en el único maratón transcontinental del mundo. El puente de los Mártires del 15 de Julio se cierra parte del día para animar a los participantes que cruzan corriendo de Europa a Asia. Para participar, hay que registrarse antes *online*.

TOP 10 DÍAS FESTIVOS

1. Año Nuevo
Estambul recibe el nuevo año con fuegos artificiales sobre el Bósforo.

2. Día de la Soberanía Nacional y del Niño
El 23 de abril el país celebra la instauración del Parlamento turco y el Día del Niño.

3. Día Internacional del Trabajo
El 1 de mayo los trabajadores reclaman sus derechos; a veces se producen protestas violentas.

4. Conmemoración de Atatürk
El 19 de mayo coinciden el cumpleaños de Atatürk y el Día de la Juventud y el Deporte. Los niños salen a desfilar por las calles.

5. Día de la Armada
El 1 de julio se honra a las fuerzas navales de Turquía.

6. Día de la Democracia y la Solidaridad Nacional
El 15 de julio, festivo desde 2016, se celebra el fracaso del golpe que intentaron miembros parte de las Fuerzas Armadas.

7. Día de las Fuerzas Armadas
El 26 de agosto está dedicado al ejército turco, la segunda mayor fuerza armada de la OTAN.

8. Día de la Victoria
El 30 de agosto se celebra la victoria de Turquía sobre el ejército invasor griego en 1922. La fiesta principal es en Ankara, donde el presidente deposita coronas de flores y luego pronuncia un discurso.

9. Día de la República
El 29 de octubre se celebra con fuegos artificiales, conciertos y actos culturales la instauración de la República turca en 1923 por parte de Atatürk.

10. Conmemoración de la Muerte de Atatürk
El 10 de noviembre se guarda un minuto de silencio a las 9.05 en recuerdo de la muerte de Mustafa Kemal Atatürk (p. 41) en 1938.

RECORRIDOS

Un rincón del Gran Bazar

SULTANAHMET Y EL CASCO ANTIGUO

Muchos monumentos de la ciudad están en esta zona. Las primeras referencias históricas son de 667 a. C., cuando el colono griego Bizas fundó Bizancio en el cabo del Serrallo (actual emplazamiento del palacio Topkapı). Tras su llegada en el 324, Constantino transformó este puerto en Constantinopla, una nueva capital para el Imperio romano. En 1453, cuando los otomanos tomaron el poder, los nuevos gobernantes plasmaron su autoridad en edificios religiosos y civiles.

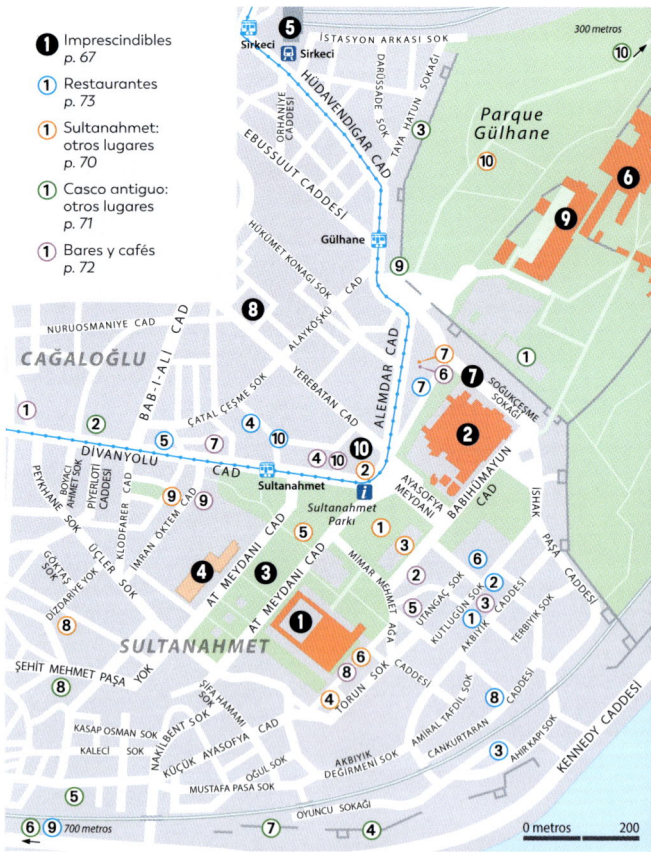

1 Imprescindibles
p. 67

1 Restaurantes
p. 73

1 Sultanahmet:
otros lugares
p. 70

1 Casco antiguo:
otros lugares
p. 71

1 Bares y cafés
p. 72

Para alojamientos en esta zona ver p. 114

1 Mezquita Azul (Sultanahmet Camii)

La mezquita del sultán Ahmet I *(p. 28)*, iniciada en 1609, se construyó frente a Santa Sofía y sobre el Gran Palacio de Constantino para resaltar la supremacía del islamismo y el Imperio otomano sobre el Bizancio cristiano.

Los seis esbeltos minaretes de la inconfundible mezquita Azul

2 Santa Sofía (Ayasofya)

Construida en el año 537, este magnífico monumento *(p. 26)*, ha resistido a guerras y terremotos. La cúpula central no fue superada hasta la construcción de San Pedro en Roma un milenio después. Inicialmente consagrada por el emperador Justiniano como iglesia de la Santa Sabiduría, fue convertida en mezquita en 1453, tras la toma de Constantinopla por los otomanos. A partir de 1953, bajo la revolución laica de Atatürk, fue museo. En 2020, el presidente Erdogan la declaró mezquita de nuevo.

3 Hipódromo (At Meydanı)
🗺 Q5

Este antiguo circo bizantino, hoy un tranquilo parque, tenía capacidad para 100.000 espectadores. El emperador Septimio Severo ordenó su construcción en el siglo III d. C. y Constantino lo amplió y comunicó con el Gran Palacio adyacente. Hay tres monumentos destacados en el Hipódromo: el obelisco de Teodosio (Dikilitaş), un obelisco egipcio de aproximadamente 1500 a. C. que Constancio II trasladó desde Luxor; la columna Serpentina (Yılanlı Sütun) del templo de Apolo en Delfos, Grecia,

que data de 479 a. C.; y la columna de Constantino VII Porfirogénito (Ormetaş), cuya fecha de construcción se desconoce, pero que tomó el nombre del emperador que la restauró en el siglo X. El estadio lucía también cuatro grandes caballos de bronce, que los cruzados se llevaron en 1204 y que hoy se encuentran en la basílica de San Marcos en Venecia.

4 Museo de Arte Turco e Islámico (Türk ve İslam Eserleri Müzesi)

🗺 Q5 ⌂ Meydanı Cad 12 ⏰ 9.00- 21.00 todos los días 🌐 muze.gov.tr ⚲

Este museo ocupa un palacio construido por İbrahim Paşa *(c. 1493-1536)*, gran visir de Solimán el Magnífico. La colección incluye más de 40.000 piezas del siglo VII a la actualidad, distribuidas en muestras sobre bellas artes, artesanía y vida doméstica turca. Hay también una magnífica colección de alfombras selyúcidas y otomanas, entre ellas una valiosa pieza del siglo XIII

Jarrón de terracota, Museo de Arte Turco e Islámico

Ventana con vidriera de la estación de Sirkeci

5 Estación de Sirkeci (Sirkeci Garı)

📍 R2 🏠 Ankara Cad 📞 (0212) 520 65 75 🕐 Museo: 9.00-12.30 y 13.00-17.00 ma-sá

La glamurosa terminal del Orient Express, inaugurada en 1890, fue diseñada por el arquitecto alemán August Jasmund incorporando elementos de las diversas tradiciones arquitectónicas de Estambul. La estación alberga un museo ferroviario y un restaurante. Desde la apertura de la línea Marmaray en 2013, esta grandiosa estación ya no es el destino final de los trenes procedentes de Europa, sino una simple parada del metro –la última antes del túnel intercontinental del Bósforo–.

6 Palacio Topkapı (Topkapı Sarayı)

El palacio más importante del Imperio otomano (p. 22) sirvió de residencia y sede de Gobierno a los primeros sultanes. Para visitar todo el complejo se necesita un día entero; destacan especialmente el harén y el Tesoro.

7 Soğukçeşme Sokağı

📍 R4

Esta empinada calle empedrada entre la muralla exterior del palacio Topkapı y Santa Sofía alberga una sucesión de bonitas casas de comerciantes otomanos. La calle se restauró en la década de 1980 como parte de un proyecto pionero en Estambul. Nueve de ellas forman parte del hotel Hagia Sofia Mansions, de la cadena Hilton.

8 Baños de Cağaloğlu (Cağaloğlu Hamamı)

📍 Q3 🏠 Prof Kazım İsmail Gürhan Cad 34 🕐 9.00-22.00 lu-ju, 9.00-23.00 vi-do 🌐 cagagloglu hamami.com.tr

Estos baños, que están entre los más famosos y pintorescos de la ciudad, fueron construidos por el sultán Mahmut I en 1741 para financiar su biblioteca en Santa Sofía. Aquí se han bañado personajes históricos y figuras internacionales, como el rey Eduardo VIII, Florence Nightingale, Cameron Diaz y Harrison Ford. Al cabo de los años, los hamames también han servido de escenario para innumerables películas y sesiones fotográficas de moda.

9 Museo Arqueológico (Arkeoloji Müzesi)

Este museo (p. 30) posee una de las mejores colecciones históricas del mundo. Consta de tres secciones principales: el Museo del Antiguo Oriente, donde se exponen las puertas de Babilonia; el pabellón de Azulejos, con una bella muestra de cerámica; y el museo principal, que alberga los sarcófagos reales hallados por el arqueólogo Osman Hamdi Bey en Sidón, Líbano.

Admirando esculturas en el Museo Arqueológico

SOLIMÁN I

Solimán I, el Magnífico, gobernó a los otomanos durante 46 años. En este tiempo, dobló el tamaño del Imperio y, como califa (representante supremo de la fe islámica), consolidó la autoridad suní frente al islamismo chií. Mecenas de las artes, compiló el *Codex Süleymanicus*, que definía el concepto de justicia y garantizaba el mismo trato a todas las personas.

10 Cisterna de la Basílica (Yerebatan Sarnıcı)

R4 🏛 Yerebatan Cad 1/3
🕐 9.00–23.50 todos los días
🌐 yerebatan.com 🔗

El nombre en turco de este enorme almacén de agua subterráneo significa 'palacio hundido'. Constantino inició su construcción en el lugar donde antes había una basílica romana (de ahí su nombre), y Justiniano la amplió en el 532 para asegurar que Constantinopla estuviera siempre abastecida de agua. Ocupa una extensión de 9.800 m² y tenía capacidad para 80 millones de litros. El techo de la cisterna está apoyado sobre 336 pilares de 8 m de altura. Las cabezas de Medusa colocadas boca abajo proceden de edificios anteriores. Este curioso monumento ha sido escenario de películas y espacio para conciertos.

UN DÍA EN SULTANAHMET

Mañana

Levántate con la primera llamada del almuédano y prepárate para visitar la **mezquita Azul** (p. 28) en cuanto termine la oración. A continuación, cruza la plaza hacia **Santa Sofía** (p. 26). Después recorre la **cisterna de la Basílica**, el **Hipódromo** (p. 67) y el **Museo de Arte Turco e Islámico** (p. 67), antes de curiosear en el **bazar Arasta** (p. 70) y dirigirte hacia el **Museo de Mosaicos** (p. 70). Todos estos monumentos están cerca unos de otros y la mayoría se ve rápido, por lo que se pueden visitar todos en una mañana. Al final tendrás que descansar un poco, así que puedes comer en uno de los cafés o restaurantes de **Divanyolu Caddesi** (p. 70).

Tarde

Te toca elegir entre caminar hasta el **palacio Topkapı** y dedicar la tarde a las intrigas de la corte o pasear por las callejuelas hasta los **baños de Cağaloğlu** para disfrutar de un baño turco y luego continuar hasta **Soğukçeşme Sokağı** y el enorme **Museo Arqueológico** (p. 30). Después, baja la colina para recorrer despacio la orilla de **Eminönü** (p. 77). Por último, toma un tranvía para subir la colina hasta Sultanahmet y elegir uno de los numerosos bares de azotea o restaurantes para contemplar el atardecer sobre la ciudad y la iluminación de Santa Sofía y la mezquita Azul.

Sultanahmet: otros lugares

Fuente del Káiser Guillermo

1. Plaza Sultanahmet (Sultanahmet Meydanı)
📍 R4

Esta plaza, que fue el hipódromo de Constantinopla, se halla entre Santa Sofía *(p. 26)* y la mezquita Azul *(p. 28)*.

2. El Milion (Milyon Taşı)
📍 R4 📍 Ayasofya Meydanı

La pilastra de mármol del Milion se encuentra en el extremo noroeste de la plaza Sultanahmet. Desde el siglo IV d. C. se utilizó como punto desde el que se medían las distancias en las calzadas a las numerosas ciudades del Imperio bizantino.

3. Baños de Hürrem Sultan (Hürrem Sultan Hamamı)
📍 R5 📍 Ayasofya Meydanı
🕐 8.00–22.00 diario
🌐 hurremsultanhamami.com

Estos baños se construyeron para Solimán el Magnífico en 1556 y llevan el nombre de su esposa, una mujer poderosa e influyente.

4. Museo de Mosaicos del Gran Palacio (Büyük Saray Mozaikleri Müzesi)
📍 R5 📍 Bazar Arasta 📞 (0212) 518 12 05 🕐 Por reforma

Lo único que se conserva del palacio del siglo VI del emperador Justiniano es un suelo de mosaico.

5. Fuente del Káiser Guillermo
📍 R5 📍 At Meydanı

El emperador alemán Guillermo II regaló esta fuente neobizantina al sultán Abdül Hamit II en 1901.

6. Bazar Arasta (Arasta Çarşısı)
📍 R5 📍 Mimar Mehmet Ağa Cad 2
🕐 9.00–21.00 diario

Este bazar se construyó originalmente para proporcionar ingresos a la mezquita Azul. Hoy alberga unas 40 tiendas de alfombras, tejidos, joyas y otros recuerdos.

7. Caferağa Medresesi
📍 R4 📍 Caferiye Soh, Soğukkuyu Çıkmazı 5 📞 (0212) 513 36 01
🕐 9.00–18.00 ma-do

En esta escuela coránica del siglo XVI se puede ver cómo trabajan desde alfareros hasta calígrafos, además de adquirir sus productos o asistir a talleres.

8. Divanyolu Caddesi
📍 Q4

Divanyolu era la *mese* (calle principal) de la Constantinopla bizantina y el Estambul otomano, y en su origen unía la ciudad con la propia Roma.

9. Cisterna de las 1001 Columnas (Binbirdirek Sarnıcı)
📍 Q4 📍 Binbirdirek, İmran Öktem Cad 2 🕐 9.00–17.00 lu-sá
🌐 binbirdirek.com.tr

Esta cisterna del siglo IV tiene en realidad 224 columnas. Alberga varios cafés y sirve de escenario para espectáculos.

10. Parque Gülhane (Gülhane Parkı)
📍 S3 📍 Kennedy Cad, Fatih

Este parque, o *casa de las rosas*, está situado a la espalda del palacio Topkapı *(p. 22)*. Está especialmente bonito en primavera, cuando florecen los tulipanes de todos los colores.

Casco antiguo: otros lugares

1. Santa Irene (Aya İrini Kilisesi)

🔲 S4 🅿 Palacio Topkapı (1er patio)
🕐 9.00-17.30 mi-lu ♿

Santa Irene se levantó en el siglo VI sobre el solar de un templo anterior y fue la catedral de la ciudad hasta la construcción de Santa Sofía (p. 26). Más tarde sirvió de arsenal otomano y ahora es un museo.

2. Tumbas imperiales

🔲 F5 🅿 Divanyolu Cad

Las tumbas de los sultanes Mahmut II, Abdül Aziz y Abdül Hamit II las diseñó Garabet Balyan y están junto a Divanyolu, en un tranquilo cementerio.

3. Museo de Historia de la Ciencia y la Tecnología Islámicas

🔲 R2 🅿 Parque Gülhane 🕐 9.00-19.00 diario 🖥 muze.gov.tr ♿

Las muestras de este museo bien organizado incluyen fantásticas maquetas de inventos científicos.

4. Muralla junto al mar

🔲 P1-S1 🅿 Kennedy Cad

La carretera de la costa es el mejor lugar para contemplar esta muralla, al parecer construida por Septimio Severo y ampliada por Teodosio II (p. 49).

5. Iglesia de los Santos Sergio y Baco (Küçük Ayasofya Camii)

🔲 F6 🅿 Küçük Ayasofya Camii Sok
🕐 Amanecer-atardecer diario
🕌 Durante la oración

Esta iglesia, conocida como la pequeña Santa Sofía, se construyó en 527 y fue convertida en mezquita en 1500. Las columnas de mármol y el friso con una inscripción griega son originales.

6. Kumkapı

🔲 E6

El antiguo puerto bizantino de Kumkapı cuenta con restaurantes de pescado.

7. Palacio Bucoleón

🔲 F6 🅿 Kennedy Cad

Un muro con tres grandes ventanales de mármol es lo que se conserva del Gran Palacio, erigido dentro de la muralla junto al mar.

8. Mezquita de Sokollu Mehmet Paşa

🔲 P5 🅿 Şehit Mehmetpaşa Ykş
🕐 Amanecer-atardecer diario
🕌 Durante la oración

Sinán construyó esta mezquita para el gran visir Sokollu Mehmet Paşa. Contiene azulejos de İznik, un techo pintado y 4 fragmentos de la Kaaba de La Meca.

9. Pabellón Alay (Alay Köşkü)

🔲 R3 🅿 Palacio Topkapı

Construido sobre la muralla exterior del palacio Topkapı (p. 22), este edificio está frente a la puerta Sublime, la entrada a la sede de Gobierno al final del periodo otomano. Desde aquí, el sultán İbrahim disparaba a quien pasaba.

10. Columna de los Godos

🔲 S2 🅿 Parque Gülhane

Esta columna de 18 m de alto, rematada por un capitel corintio, conmemora una gran victoria romana sobre los godos.

Azulejos de İznik en la mezquita Sokollu Mehmet Paşa

Clientes en Çorlulu Ali Paşa Medresesi

Bares y cafés

1. Çorlulu Ali Paşa Medresesi
N4 Yeniçeriler Cad 38
Grupo de teterías con cojines para acomodarse junto a los que fuman narguiles. No se sirve alcohol.

2. Istanbul Kahvehanesi
R5 Cankurtaran, Kabasakal Cad 5
Este tranquilo y pequeño café con patio, cerca de la mezquita Azul, sirve fantásticas galletas caseras.

3. Just Bar
R5 Akbıyık Cad 28, Fatih
(0538) 914 29 39
En este local bullicioso se sirven buenos cócteles y cervezas. Está en una de las principales calles de hoteles de Sultanahmet. Ambiente festivo.

4. Lale Restaurant Pudding Shop
Q4 Divanyolu Cad 6 pudding shop.com
Lale era una de las paradas obligadas en la ruta hippy y todavía resulta un destino magnífico para los turistas. Ofrece comida con buena relación calidad/precio, servicio amable, cerveza de barril y wifi gratuito.

5. Café North Art
R5 Utangaç Sok 21
En esta cafetería, el *brunch* se sirve con un toque turco. Si se busca un delicioso café con leche (con *latte art),* este es el lugar idóneo.

6. Çaferağa Medresesi
R4 Caferiye Sok
En el patio de esta atractiva madrasa, diseñada por Sinán y próxima a Santa Sofía, se puede tomar una taza de café o una comida ligera.

7. Çiğdem Pastanesi
Q4 Divanyolu Cad 56 cigdem pastanesi.com
En esta pastelería clásica se puede disfrutar de un típico té turco o un capuchino bien preparado. Y para picar, el *baklava* empapado en miel es uno de los dulces favoritos.

8. Café Meşale
R5 Bazar Arasta
Por el día, este café es perfecto para tomarse un té y fumar un narguile. Por la noche, es un restaurante con música en directo y actuaciones de derviches.

9. Istanbul Terrace Bar
Q4 Arcadia Blue Hotel, Dr Imran Ohtem Cad 1
Este bar ofrece vistas magníficas del casco antiguo, el Bósforo, el mar de Mármara y las colinas asiáticas.

10. Hafız Mustafa 1864 Edebiyat Kıraathanesi
R4 Divan Yolu Cad 14
Esta sucursal de un vendedor de dulces de toda la vida ofrece gran variedad de pasteles y postres tradicionales turcos, además de estupendos cafés y tés.

Restaurantes

1. Albura Kathisma
R5 Akbıyık Cad 38
(0533) 430 24 97 · ₺₺
Uno de los mejores de la calle Akbıyık sirve una buena mezcla de platos otomanos, turcos e internacionales en un entorno agradable. Tiene opciones vegetarianas.

2. Café y restaurante Palatium
S5 Kutlugün Sok 33, Fatih
palatiumcafeandrestaurant.com · ₺₺
Kebabs, pan de pita y guisos en un ambiente distendido. Se sirve alcohol.

3. Giritli
R5 Keresteci Hakkı Sok 8
(0212) 458 22 70 · ₺₺₺
Este restaurante de estilo cretense destaca por su pescado de buena calidad y sus *meze*.

4. Khorasani
Q4 Ticarethane Sok 9/B
hhorasanikebab.com · ₺₺₺
Entre las especialidades del sureste turco de Khorasani, destacan sus kebabs recién preparados y asados sobre carbón.

5. Amedros
Q4 Hoca Rüstem Sok 3, off Divanyolu amedroscafe.com · ₺₺
Bistró que sirve comida turca y europea con opciones vegetarianas.

Cenando en un *meyhane* en Kumkapı

PRECIOS
Una comida con *meze* y un plato principal sin bebidas alcohólicas, servicio e impuestos incluidos.
....
₺ menos de 500 ₺ ₺₺ 500-1000 ₺
₺₺₺ más de 1000 ₺

6. Avlu
R5 Four Seasons Hotel, Tevfikhane Sok 1 (0552) 402 31 00 · ₺₺₺
Este restaurante del hotel Four Seasons sirve cocina moderna de la región de Anatolia. Se puede disfrutar de la comida en su terraza-jardín.

7. Matbah
R4 Ottoman Hotel Imperial, Caferiye Sok 6 matbahrestaurant.com · ₺₺₺
Bonito restaurante con terraza que sirve deliciosos platos otomanos y turcos.

8. Balıkçı Sabahattin
R5 Seyit Hasankuyu Sok 1, cerca de Cankurtaran Cad balikcisabahattin.com · ₺₺₺
Restaurante de pescado que lleva en activo desde 1927, uno de los mejores de la ciudad.

9. Kumkapı
M5 · ₺₺
En este antiguo barrio de pescadores hay muchos *meyhanes* (tabernas) que sirven pescado fresco y *meze* regados con *rakı*. Los músicos que interpretan música *fasil* esperan una propina.

10. Mozaik Restaurant
Q4 İncirli Çavuş Sok 1, cerca de Divanyolu (0537) 683 64 97 · ₺₺
Este restaurante, instalado en una casa otomana del siglo XIX, sirve platos turcos e internacionales.

BARRIO DEL BAZAR Y EMINÖNÜ

En 1453, tras tomar Constantinopla, el sultán Mehmet II eligió esta zona próxima al foro de los Toros grecorromano para iniciar la construcción de una ciudad modélica basada en los principios islámicos. Sus elementos principales serían mezquitas y madrasas (escuelas religiosas), instituciones benéficas, alojamiento para viajeros y un gran bazar que financiara todo lo anterior y mucho más. Estas construcciones, muchas aún en pie, formaron uno de los barrios más fascinantes y animados de la ciudad, donde se puede comprar con igual facilidad un cubo de plástico o un kilo de pimienta en grano que alfombras de seda o textos religiosos antiguos.

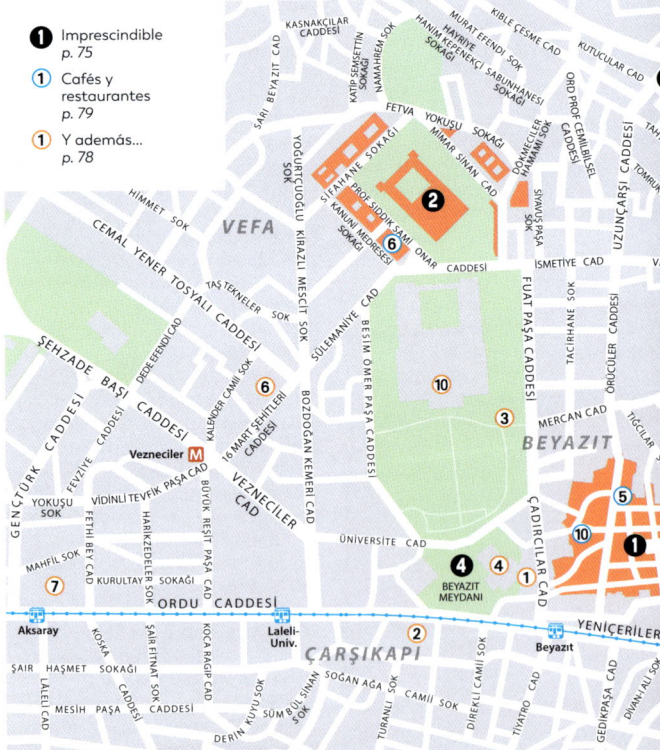

1 Imprescindible
p. 75

1 Cafés y restaurantes
p. 79

1 Y además...
p. 78

Para alojamientos en esta zona ver p. 114

Decoración interior de la mezquita de Süleymaniye

1 Gran Bazar (Kapalı Çarşı)

El bazar *(p. 32)* fue una de las primeras instituciones fundadas por Mehmet II poco después de la conquista de la ciudad. La parte más antigua es İc Bedesten, un almacén abovedado donde se vendían y guardaban las mercancías más valiosas. En las calles cubiertas del bazar, además de miles de tiendas y puestos, hay cafés, restaurantes y teterías. Los antiguos *hans* (posadas para viajeros) albergan hoy talleres y pequeñas fábricas.

2 Mezquita de Süleymaniye (Süleymaniye Camii)

Esta mezquita *(p. 34)* construida para Solimán I en 1550-1557 es la más grande y elegante de la ciudad. Solimán y su esposa la sultana Hürrem están enterrados en ella y Mimar Sinán, arquitecto del edificio, yace fuera del complejo principal, en una tumba que él mismo diseñó y construyó.

3 Çemberlitaş (Çemberlitaş Hamamı)

Nurbanu, esposa de Selim II (hijo de Solimán I y la sultana Hürrem), encargó a Sinán en 1584 la construcción de estos baños *(p. 38)*. Sus preciosas salas con cúpulas atraen a muchos turistas.

4 Plaza de Beyazıt (Beyazıt Meydanı)

⬚ M3
Esta plaza ha sido uno de los principales lugares de encuentro de la ciudad durante siglos. Aunque se la conoce como plaza de Beyazıt, su nombre oficial es plaza de la Libertad (Hurriyet Meydanı). Ocupa el emplazamiento del foro romano de los Toros, ampliado por el emperador Teodosio en 393. El foro tomó nombre del toro de bronce que había en el centro, donde se hacían sacrificios en época precristiana. Algunas de sus columnas se usaron para construir la cisterna de la Basílica *(p. 69)* y otras permanecen olvidadas junto a las vías del tranvía en Ordu Caddesi. La plaza alberga la mezquita de Beyazıt y la Universidad de Estambul.

Detalle de un azulejo de İznik,
mezquita de Rüstem Paşa

5 Mezquita de Rüstem Paşa (Rüstem Paşa Camii)

N1 Mahheme Soh (0212)
526 73 50 9.00–atardecer
diario

Mihrimah, hija de Solimán el Magnífico,
encargó a Sinán la construcción de esta
preciosa mezquita dedicada a su esposo
Rüstem Paşa, gran visir de Solimán, en
1561. La mezquita resplandece con el
colorido de los azulejos que la cubren y
las galerías y ventanales llenan de luz la
sala de oración.

6 Columna de Constantino (Çemberlitaş)

P4 Divanyolu Cad

Esta columna de 35 m se erigió en el foro
de Constantino durante la inauguración
de la nueva capital del Imperio romano
en el 330. Constantino, quien está repre-
sentado como Apolo en lo alto de la
columna, enterró alrededor de la base
varias reliquias sagradas, entre las que

El puente Gálata, atravesando
el Cuerno de Oro

supuestamente estaba el hacha que usó
Noé para construir el arca. Su nombre
turco, Çemberlitaş (columna con aros),
hace referencia a los aros de metal
añadidos en el 416 y sustituidos en la
década de 1970 para reforzarla.

7 Bazar de las Especias (Mısır Çarşısı)

P1 Eminönü 8.00-19.30 diario

Este mercado se construyó en 1660
como parte del complejo de la mezquita
Nueva. Su nombre turco (bazar Egipcio)
recuerda el hecho de que se financiara
con los aranceles a las importaciones
egipcias, aunque es más conocido como
bazar de las Especias porque, durante
siglos, fue esta la principal mercancía
que se vendía en él. Hoy, el bazar es
sobre todo una atracción turística.
El mercado y las calles circundantes
son el mejor lugar para adquirir
pequeños regalos, como *lokum*
(delicia turca), azafrán, pistachos,
almendras, incienso y café.

8 Puente Gálata (Galata Köprüsü)

F3

El predecesor de este puente sobre el
Cuerno de Oro fue un pontón de hierro
construido entre 1909 y 1912. Sus
características no eran adecuadas para
el tráfico moderno y se sustituyó
en 1994 por la actual estructura. Las
vistas de la ciudad desde el nivel inferior
son espectaculares, sobre todo al
atardecer. Partes del antiguo puente se
han reconstruido cerca de Ayvansaray.

9 Eminönü
📍 N1

Desde el Gran Bazar, callejas repletas de puestos bajan hasta la orilla de Eminönü. Esta zona es ideal para pasear entre mezquitas, mercados, muelles y vendedores ambulantes que ofrecen desde *simits (p. 57)* a relojes falsos.

10 Mezquita Nueva (Yeni Cami)
📍 P1 🚇 Eminönü 📞 (0212) 512 23 20
🕐 9.00–atardecer diario

Esta mezquita algo sombría fue encargada en 1597 por Safiye, madre del sultán Mehmet III. Las obras se interrumpieron tras la ejecución del arquitecto por herejía y el destierro de Safiye tras morir su hijo. La mezquita se concluyó en 1663. El interior luce una rica decoración, pero los azulejos de İznik son de poca calidad.

EMPERADOR CONSTANTINO

Constantino (*c.* 272-337), hijo de un oficial del ejército, se coronó emperador del Imperio romano en el 324 y declaró el cristianismo religión oficial. En el 325 convocó el Concilio de Nicea, que estableció la doctrina básica de la fe. En el 330 inauguró su nueva capital, Constantinopla, y se convirtió formalmente al cristianismo en su lecho de muerte.

UN DÍA DE COMPRAS

Mañana

Comienza el día con una visita a los baños de **Çemberlitaş** (*p. 38*) y la **mezquita de Nuruosmaniye** (*p. 78*) para luego dirigirte al **Gran Bazar** (*p. 32*). Haz un descanso para tomar un café en alguno de los cafés del bazar y luego atraviesa la **plaza de Beyazıt** (*p. 75*) y baja la colina hacia la **mezquita de Süleymaniye** (*p. 34*), donde encontrarás las tumbas de Solimán y la sultana Hürrem. Una buena opción para ir a comer es en **Özen Lokanta** (*Süleymaniye, Mimar Sinan Cad 3*).

Tarde

Prosigue por İsmetiye Caddesi, gira luego a la izquierda en Uzunçarşı Caddesi y baja la colina por las bulliciosas calles comerciales en las que los trabajadores del metal y la madera siguen ejerciendo su oficio. Gira luego a la derecha en **Tahtakale Caddesi,** cuyas tiendas de café y especias son un placer para los sentidos. Continúa colina abajo hasta Eminönü, donde puedes visitar la **mezquita de Rüstem Paşa** y la **mezquita Nueva** antes de otra ronda de compras en el **bazar de las Especias.** Entre la mezquita Nueva y el bazar de las Especias está el mercado de flores, plantas, semillas y pájaros. Puedes cenar en **Hamdi Et Lokantası** (*p. 79*) u **Ocak** (*p. 79*), que está cerca de la estación de Sirkeci (*p. 69*), o volver en tranvía a Sultanahmet para contemplar el atardecer.

Y además...

Relieves en la mezquita de Nuruosmaniye

1. Bazar de libros de segunda mano (Sahaflar Çarşısı)
🅿 M4 ⬛ Medrese Çık, detrás de la mezquita Beyazıt ⬛ Amanecer–atardecer diario (algunas tiendas cierran do)

En este patio se vendieron manuscritos desde el Medievo, aunque los libros impresos estuvieron prohibidos hasta 1729. Ahora hay sobre todo textos académicos y libros ilustrados sobre Turquía.

2. Arco de Teodosio
🅿 M4 ⬛ Beyazıt Meydanı

Unas enormes columnas caídas junto a la plaza de Beyazıt es lo que queda del arco de Teodosio, del siglo IV. Las columnas similares que hay en la cisterna de la Basílica (p. 69) proceden sin duda de aquí.

3. Torre de Beyazıt (Beyazıt Kulesi) 🅿 M3 ⬛ Cerca de Fuat Paşa Cad 🚫 Al público

Esta torre de mármol construida en 1828 está en la Universidad de Estambul.

4. Mezquita de Beyazıt (Beyazıt Camii) 🅿 M4 ⬛ Ordu Cad 📞 (0212) 212 09 22 ⬛ Amanecer–atardecer diario

Construida en 1506 para el sultán Beyazıt II, es la más antigua que se conserva en la ciudad.

5. Mezquita de Atik Ali Paşa (Atik Ali Paşa Camii)
🅿 P4 ⬛ Yeniçeriler Cad ⬛ Amanecer–atardecer diario

Esta copia del siglo XV de la mezquita Fatih original lleva el nombre de su constructor, el gran visir de Beyazıt II.

6. Mezquita de Kalenderhale (Kalenderhane Camii)
🅿 E5 ⬛ 16 Mart Şehitleri Cad ⬛ Amanecer–atardecer diario 🚫 Durante la oración

Este templo, construido sobre unos baños del siglo V, fue convertido en el siglo XII en la iglesia de Theotokos Kyriotissa y luego en mezquita. Destacan los mármoles bizantinos.

7. Mezquita Laleli (Laleli Cami)
🅿 D5 ⬛ Ordu Cad ⬛ Solo durante la oración

La mezquita Laleli fue construida por Mustafá III en 1763 con mármoles de colores y el nuevo estilo barroco otomano. Mustafá está enterrado en ella.

8. Mezquita de Nuruosmaniye (Nuruosmaniye Camii)
🅿 P4 ⬛ Vezirhanı Cad ⬛ Amanecer–atardecer diario

Esta mezquita, finalizada por el sultán Osman III en 1755, fue la primera en estilo barroco otomano en la ciudad. Forma parte de un complejo que incluye escuela islámica y biblioteca.

9. Centro Cultural Hodja pasha
🅿 Q2 ⬛ Hoca Paşa Hamam Soh 3, Sirkeci ⬛ Solo para actuaciones, consultar la página web 🌐 hodjapasha.com

Estos baños restaurados son un magnífico lugar para ver derviches giróvagos.

10. Universidad de Estambul
🅿 M2–3 ⬛ Beyazıt Meydanı 📞 (0212) 440 00 00 Esta universidad, la más antigua de Turquía, se trasladó a aquí en 1866. El complejo está cerrado al público.

Cafés y restaurantes

PRECIOS

Una comida con *meze* y un plato principal sin bebidas alcohólicas, servicio e impuestos incluidos.

....

₺ menos de 500 ₺ ₺₺ 500-1000 ₺
₺₺₺ más de 1000 ₺

1. Pandeli

P1 · Mısır Çarşısı 1
pandeli.com.tr · ₺₺₺

Pandeli, cuyo precioso comedor abovedado está sobre el bazar de las Especias, es una institución en Estambul desde 1901. Reservar con antelación.

2. Sirkeci Lokantası 1912

P2 · Hotel Cronton Design, Hobyar, Rahvancı Sok 5
(0212) 556 47 20 · ₺₺

A la hora de la comida, esta cafetería decorada ofrece un gran bufet. Durante todo el día sirve café y dulces.

3. Hocapaşa Pidecisi

Q2 · Hoca Paşa Sok
(0212) 512 09 90 · ₺

Este humilde lugar hornea deliciosos *pide* (pan sin levadura) en hornos de leña desde el año 1964. También se puede pedir junto a la bebida de yogur llamada *ayran*.

4. Ocak

Q2 · Mimar Vedat Sok, Fatih
ocak.ist · ₺₺₺

El restaurante del Reggio Ottoman sirve platos típicos turcos y anatolios muy sabrosos y ligeros en sus menús, que incluyen opciones vegetarianas.

5. Şark Kahvesi

N3 · Yağlıhçılar Cad 134
(0532) 490 20 93 · ₺

Este local agradable, situado en el Gran Bazar (*p. 32*), es un destino popular para tomar café y té.

6. Tarihi Süleymaniyeli Kurufasulyeci

M2 · Süleymaniye, Prof Siddik Sami Onar Cad 11 · (0212) 513 62 19 · ₺

Este restaurante abrió sus puertas hace 80 años.

7. Kahve Dünyası

P4 · Nuruosmaniye Cad 79
(0212) 527 32 82 · ₺

Esta sucursal de una popular cadena turca de cafeterías está cerca del Gran Bazar.

8. Hamdi Et Lokantası

P1 · Kalçın Sok 11, Eminönü
hamdi.com.tr · ₺₺₺

Las especialidades incluyen *patlıcan* kebab (carne picada con rodajas de berenjena).

9. Lokanta 1741

Q3 · Profesör Kazım İsmail Gürkan Cad 34, Fatih · (0533) 145 17 41 · ₺₺₺

Este romántico restaurante sirve comida de primera en el hamam Cağaloğlu. Ofrece también una estupenda carta de vinos y cócteles innovadores.

10. Havuzlu Restaurant

N3 · Gani Çelebi Sok 3, Kapalı Çarşı
D, Sun · havuzlurestaurant.com · ₺

Sirve excelentes kebabs y *meze*. Conviene llegar temprano porque se abarrota.

Havuzlu Restaurant, en el Gran Bazar

EL CUERNO DE ORO, FATIH Y FENER

El Cuerno de Oro, un estuario que separa la parte vieja del Estambul europeo de su zona más moderna, está adquiriendo nueva vida. Estos barrios, que los turistas suelen pasar por alto, están salpicados de lugares históricos, como la mezquita Kariye. Fatih, una zona conservadora, tiene múltiples sitios evocadores donde comer, mientras que Fener es ahora una importante zona de construcción inmobiliaria, además de escenario habitual para programas de televisión. El litoral del casco antiguo alberga kilómetros de parques y senderos y en la orilla de la ciudad nueva se encuentran lugares de interés como Miniatürk y el Museo Rahmi Koç.

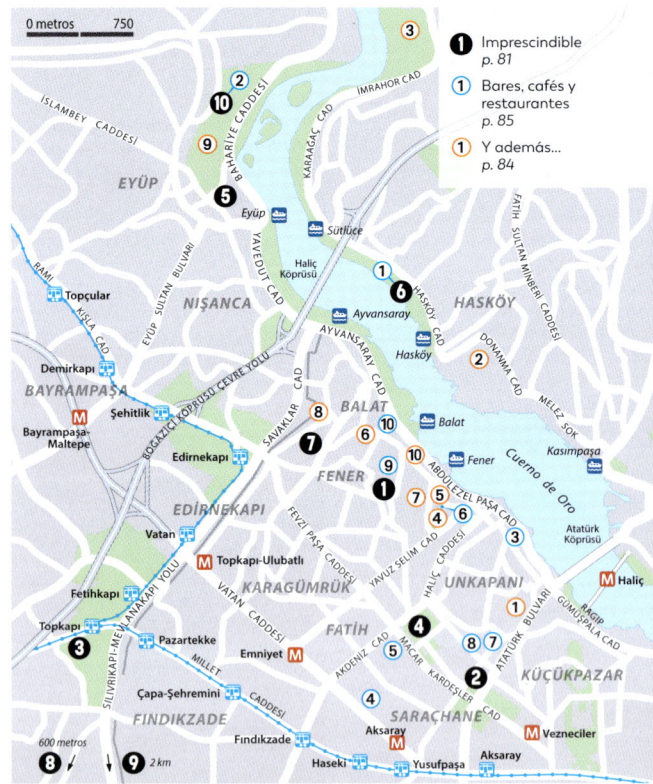

Para alojamientos en esta zona ver p. 115

Mosaico de un monje bizantino en la mezquita Fethiye

1 Mezquita Fethiye (Fethiye Camii)

C2 **Fethiye Kapısı Sok** **9.00–17.00 todos los días**

Esta iglesia construida por el emperador Juan II Comneno en el siglo XII sirvió de sede al Patriarcado ortodoxo griego de 1456 a 1568. Luego fue convertida en mezquita y en 1573 recibió el nombre de Fethiye (victoria) para celebrar la conquista de Murat III de las actuales Georgia y Azerbaiyán. La capilla lateral alberga un museo con bellos mosaicos bizantinos. La iglesia está en obras y podría encontrarse cerrada.

2 Acueducto de Valente (Bozdoğan Kemeri)

D4 **Atatürk Bulvarı (cara norte de Saraçhane Parkı)**

Al oeste de Süleymaniye están los restos del acueducto construido por el emperador Valente en el 368. Se reparó en muchas ocasiones a lo largo de su historia y se utilizó hasta el siglo XIX para llevar agua del bosque de Belgrado al centro del complejo del Gran Palacio.

3 Panorama 1453

A5 **Topkapı Kültür Parkı, Topkapı** **8.00–18.30 diario** **panoramihmuze.com**

Este museo histórico se encuentra junto a la muralla de Teodosio (*p. 48*) y recrea el momento en que esta cayó finalmente ante los turcos en 1453. En el interior de una gran cúpula hay pintados unos 10.000 personajes muy realistas que recuerdan la desesperada defensa bizantina frente al asedio turco. El simulador de vuelo del museo ofrece una vista aérea de Estambul o un recorrido histórico por el país.

4 Mezquita Fatih (Fatih Camii)

C3–4 **Fevzi Paşa Cad** **9.00–atardecer diario**

Esta mezquita barroca es el tercer edificio que ocupa este lugar. El primero fue la iglesia de los Santos Apóstoles, lugar de enterramiento de muchos emperadores bizantinos. Mehmet II levantó luego la primera mezquita de Estambul, destruida por un terremoto en 1766. La mezquita actual data en su mayoría del siglo XVIII y se debe al sultán Mustafá III. En el jardín están las tumbas de Mehmet II y su esposa Gulbahar Hatun. Los miércoles se instala un vistoso mercado en los alrededores.

El acueducto de Valente sobre una transitada carretera

5 Mezquita del Sultán Eyüp (Eyüp Sultan Camii)

⦿ B5 **⌂** Eyüp Meydanı (cerca de Camii Kebir Cad) **☎** (0212) 564 73 68
◷ Tumba: 9.30–16.30 diario

La mezquita más venerada de Estambul fue construida por Mehmet II en 1458 sobre el *türbe* (tumba) del amigo y portaestandarte del profeta Mahoma, Eyüp el-Ensari, que murió durante la toma de Constantinopla en el siglo VII. La tumba es el tercer lugar de peregrinación más sagrado del islamismo (tras La Meca y Jerusalén). El patio luce intrincados azulejos de İznik y suele estar lleno de fieles que hacen cola para mostrar sus respetos.

6 Museo Rahmi Koç (Rahmi Koç Müzesi)

⦿ B5 **⌂** Hasköy Cad 5 **◷** 9.30–17.00 ma–vi, 10.00–19.00 sá y do
🖥 rmh-museum.org.tr **⟲**

Este ecléctico museo lleva el nombre de su fundador, el industrial Rahmi Koç. El núcleo de la colección está instalado en un astillero del siglo XIX. En el exterior se pueden ver aviones, barcos, tiendas restauradas y un submarino. Al otro lado de la calle, en una fundición

Coche antiguo en el Museo Rahmi Koç

La mezquita del Sultán Eyüp, con el Cuerno de Oro a la vista

de anclas otomana con cimientos bizantinos, se exponen maquetas de motores, trenes, coches y más barcos. El museo alberga un excelente café y el magnífico Halat Restaurant.

7 Mezquita Kariye (Kariye Camii)

San Salvador en Chora fue primero iglesia, luego una mezquita, después un museo y más tarde una mezquita de nuevo, la mezquita Kariye *(p. 36)*. Se reconstruyó a finales del siglo XI y a principios del siglo XIV fue restaurada por Teodoro Metoquites, que también encargó los magníficos mosaicos y frescos.

8 Zoodochus Pege (Balıklı Kilise)

⦿ A6 **⌂** Balıklı Silivrihapı Sok 3, Zeytinburnu **◷** 8.30–16.30 diario

Esta iglesia ortodoxa griega, construida en 1833 en el solar de un templo anterior, está entre un cementerio cristiano y otro musulmán. Es famosa por el *ayazma* o manantial sagrado lleno de peces que hay bajo ella.

9 Fortaleza de Yedikule (Yedikule Hisarı)

⦿ A6 **⌂** Yedikule Meydanı Sok
◷ 9.00–17.00 ma–do **🖥** yedikule hisari.com

Esta fortaleza otomana con 7 torres está construida sobre un tramo de la

CONSTRUIDO PARA DURAR

La muralla de Teodosio incluía 10 puertas fortificadas y 192 torres. El muro exterior tiene 2 m de ancho y 8,5 m de alto y está separado del muro interior, con 5 m de ancho y 12 de alto, por un foso de 20 m. La muralla de Bizancio fue construida para soportarlo todo, y eso hizo durante 1.000 años. Cayó finalmente en 1453.

muralla de Teodosio (p. 48). En su muro exterior se abre la puerta Dorada, un arco triunfal que fue la entrada a la Bizancio medieval y que levantó el emperador Teodosio I en 390. En el patio del castillo se celebran periódicamente conciertos y otros actos.

10 Pierre Loti

Durante su estancia en Estambul, Pierre Loti (seudónimo de Julien Viaud, marinero, escritor y gran amante de Turquía) solía ir a tomar un café en Eyüp, por lo que la zona circundante ha recibido su nombre. Viaud llegó a la ciudad en 1876 y se enamoró de una mujer turca cuyo nombre dio título a la novela en la que relata su difícil relación, *Aziyadé*. Se puede subir a la colina de Pierre Loti en el teleférico que hay junto a la mezquita del Sultán Eyüp. En la cima está el Pierre Loti Café (p. 89), con magníficas vistas del Cuerno de Oro.

Utensilios para hacer café turco en el Pierre Loti Café

UN DÍA EN LAS MURALLAS

Cementerio de Eyüp
Pierre Loti Café TELEFÉRICO
Mezquita del Sultán Eyüp
Muelle del ferri de Eyüp
Muralla de Teodosio
FERRI
Palacio de los Porfirogénetas
Meşhur Sarıyer Börekçişi
Mezquita Kariye
Panorama 1453
Mezquita de Mihrimah
Muelle del ferri de Haliç
Fortaleza de Yedikule 2 km

Mañana

Toma el **ferri de Haliç** desde Karaköy cerca del puente Gálata hacia Eyüp y luego sube la arbolada colina del cementerio en teleférico. Disfruta de un té en el **Pierre Loti Café** (p. 85) antes de bajar por el **cementerio de Eyüp** y visitar la **mezquita del Sultán Eyüp**. Pasea en paralelo al Cuerno de Oro hasta la **muralla de Teodosio** (p. 48). Luego desviate hacia el sur y sigue el muro hacia el **palacio de los Porfirogénetas** (p. 84). Después, aléjate un poco de la muralla para visitar la **mezquita Kariye,** con magníficos mosaicos y frescos. Sigue la muralla hacia el sur para encontrar la **mezquita de Mihrimah,** ubicada en la colina más alta del casco antiguo. Al lado se encuentra **Meşhur Sarıyer Börekçişi** (*meshursariyerborekcisi. com*), donde puedes reponer fuerzas comiendo cordero *käfte* relleno de queso *börek*.

Tarde

Hacia la mitad de la muralla está **Panorama 1453** (p. 81), con su recreación del famoso sitio de 1453. Sigue bajando por la colina hacia la **fortaleza de Yedikule,** una enorme construcción otomana que incorpora parte de la muralla de Teodosio y la legendaria puerta Dorada. Vuelve al centro en metro desde la parada Kazlıçeşme.

Y además...

1. Iglesia del Pantocrátor (Molla Zeyrek Camii)

🅟 D3 🏠 Badethane Sok, Küçükpazar 📞 (0212) 532 50 23 🕐 20 min antes y después de la oración

Esta iglesia bizantina del siglo XII fue convertida en mezquita en 1453.

2. Palacio Aynalıkavak (Aynalıkavak Kasrı)

🅟 D1 🏠 Aynalıkavak Cad, Hasköy 🕐 9.00–17.30 ma–do 🖥 millisaraylar.gov.tr 🗗

Este palacio otomano del siglo XVII alberga una exposición de instrumentos musicales turcos.

3. Miniatürk

🅟 B5 🏠 İmrahor Cad 7, Sütlüce 🕐 9.00–19.00 todos los días 🖥 miniaturk.com.tr 🗗

Las maquetas a escala 1:25 de 139 construcciones de Turquía, como Santa Sofía o el palacio Dolmabahçe, pueden verse en este parque. Hay también un pequeño laberinto.

4. Mezquita de Yavuz Selim (Yavuz Selim Camii)

🅟 D2 🏠 Yavuz Selim Cad, Fatih 🕐 Tumba: 9.00–17.00 diario

Mezquita del siglo XVI construida en honor a Selim I, cuya tumba está en el jardín.

5. Iglesia de San Jorge (Ortodoks Patrikhanesi)

🅟 D2 🏠 Dr Sadık Ahmet Cad 19, Fatih 📞 (0212) 531 96 70 🕐 8.30–16.30 todos los días

Esta iglesia es el centro espiritual de la comunidad ortodoxa griega mundial.

6. Balat

🅟 C2

En Balat vivía la comunidad judía sefardí de la ciudad. Alberga la sinagoga Ahrida, una de las más antiguas de Estambul. Conviene llamar para reservar la visita *(0212 244 29 80)*.

7. Iglesia de Santa María de los Mongoles (Kanlı Kilise)

🅟 C2 🏠 Firketeci Sok 1, Fener 📞 (0212) 521 71 39

Esta iglesia fue construida por María Paleóloga, una princesa bizantina que se casó con un kan mongol y luego se ordenó monja. Llamar a la puerta para entrar.

8. Palacio de los Porfirogénetas (Tekfur Sarayı)

🅟 B1 🏠 Şişhane Cad, Edirnekapı 🕐 10.00–18.00 ma–do 🖥 tekfursarayi.istanbul

Este antiguo anexo del palacio de Blanquerna es uno de los palacios bizantinos mejor conservados de la ciudad.

9. Cementerio de Eyüp

🅟 B5 🏠 Cami Kebir Sok

El empinado sendero pasa junto a cientos de lápidas de época otomana. Hay una bella vista del Cuerno de Oro.

10. Iglesia de San Esteban de los Búlgaros (Bulgar Kilisesi)

🅟 C2 🏠 Mürsel Paşa Cad 85, Balat 🕐 9.00–17.00 todos los días

La estructura de hierro de esta iglesia se fabricó en Viena a finales del siglo XIX.

Maqueta de la torre Gálata en Miniatürk

Bares, cafés y restaurantes

Clientes disfrutando de una comida en la terraza del Pierre Loti Café

PRECIOS

Una comida con *meze* y un plato principal sin bebidas alcohólicas, servicio e impuestos incluidos.

··

₺ menos de 500 ₺ ₺₺ 500-1000 ₺
₺₺₺ más de 1000 ₺

1. Café du Levant, Sütlüce

📍 D1 🏠 Kumbarahane Cad 2
📞 (0212) 369 66 16 🕐 Jul–oct · ₺₺
Este café, situado al otro lado de la calle del Museo Rahmi Koç *(p. 82),* sirve cocina francesa.

2. Pierre Loti Café, Eyüp

📍 B5 🏠 Gümüşsuyu Karyağdı Sok 5
📞 (0212) 497 13 13 · ₺
El interior de este café está decorado con azulejos tradicionales, utensilios para elaborar té y muestras sobre el novelista Pierre Loti. La terraza ofrece bonitas vistas del Cuerno de Oro.

3. Cibalikapı Balıkçısı, Fener

📍 E3 🏠 Kadir Has Cad 5 📞 (0532) 163 55 20 · ₺₺
Esta taberna tradicional sirve pescado fresco y una buena selección de *meze* fríos y calientes. Animado, informal y con buenas vistas del Cuerno de Oro.

4. Akdeniz Hatay Sofrası, Fatih

📍 B5 🏠 Ahmediye Cad 44/A, Aksaray
🌐 akdenizhataysofrasi.com.tr · ₺₺
Este establecimiento ofrece una amplia selección de *meze,* tiernos kebabs y especialidades del sur de Turquía.

5. Vezir Han Şark Sofrası

📍 C4 🏠 Ocaklı Sok 9, Fatih
📞 (0532) 209 61 38 · ₺₺
Delicioso *hummus, baba ghanoush, tabbouleh, kibbeh* y especialidades sirias

6. Forno Balat

📍 C2 🏠 Fener Kireçhane Sok 13/A
🌐 fornobalat.com · ₺
Este café moderno sirve *lahmacun,* pan sin levadura fino y crujiente con carne picante, perejil y limón.

7. Şehzade Cağ Kebap, Fatih

📍 Q2 🏠 Hoca Paşa Sok 6
📞 (0212) 533 33 61 · ₺
Establecimiento sencillo en el que probar *cağ kebapı* del este de Turquía. Se trata de cordero marinado asado lentamente en un espetón horizontal.

8. Siirt Şeref Büryan, Fatih

📍 D4 🏠 Ömer Efendi Cad, Serdab Sok 34 📞 (0212) 525 35 81 · ₺₺
Este restaurante tradicional está especializado en *perde pilavi,* un delicioso pastel de arroz, y en *büryan,* cordero asado a la leña. No se sirve alcohol.

9. Smelt and Co.

📍 C2 🏠 Kiremit Cad 16, Balat
📞 (0538) 286 54 65 · ₺₺₺
Casa tradicional de Balat con personalidad y experiencia gastronómica ecléctica. Imprescindible reservar.

10. Balat Sahil Restoran

📍 C1 🏠 Mürselpaşa Cad 245 📞 (0212) 525 61 85 · ₺₺
Taberna con buena relación calidad/precio. Perfecto para degustar *rakı, meze* y pescado fresco.

BEYOĞLU

Sobre una elevada colina al norte del Cuerno de Oro, frente a la antigua Estambul, se encuentra la nueva ciudad de Beyoğlu, antes conocida como Pera (el otro lado). La zona no es en realidad nueva, ya que lleva ocupada 2000 años. En época otomana se establecieron en Pera mercaderes judíos y genoveses, y se convirtió en el centro comercial de Estambul cuando en tiempos otomanos se instalaron aquí las embajadas europeas. Hoy, Beyoğlu es el corazón de la parte moderna del Estambul europeo, y sus calles, como İstiklal Caddesi, están bordeadas de consulados, iglesias, bares estilosos y tiendas modernas.

1	Imprescindible p. 87
1	Bares, cafés y restaurantes p. 93
1	İstiklal Caddesi p. 90
1	Compras p. 91
1	Vida nocturna p. 92

Para alojamientos en esta zona ver p. 115

1 Iglesia de San Pedro y San Pablo (Sen Piyer Kilisesi)

📍 F3 📍 Galata Kulesi Sok 44, Karaköy 🕐 14.30–17.30 vi y sá 🌐 senpiyer.org/hilise

A principios del siglo XVI los dominicos de Gálata perdieron su iglesia, requisada para convertirla en mezquita, y se trasladaron a este lugar bajo la torre Gálata. El templo tiene planta basilical, cuatro altares laterales y una cúpula azul tachonada de estrellas doradas sobre el coro. Todas las mañanas se celebra misa en italiano. Para entrar hay que llamar al timbre de la diminuta puerta (a la que se llega por el patio).

2 Hotel Pera Palace (Pera Palas Oteli)

Inaugurado en 1892 para alojar sobre todo a los viajeros del *Orient Express*, este es el hotel más famoso de Estambul (*p. 119*) La escritora británica Agatha Christie lo visitó con frecuencia entre 1924 y 1933, y se afirma que escribió *Asesinato en el Orient Express* en la habitación 411. El hotel ha contado entre sus huéspedes con personajes ilustres como Mata Hari, Trotsky, Greta Garbo o Atatürk (*p. 41*). En 1981 se abrió el Museo de Atatürk en la habitación 101, la preferida de este gran líder. Las muestras incluyen muchos de sus objetos personales.

El interior del Hotel Pera Palace

Un tranvía recorre la concurrida İstiklal Caddesi

3 İstiklal Caddesi

📍 F2–G1

La calle principal de Beyoğlu, emplazamiento de varios monumentos interesantes, se llena de compradores por el día y por la noche se convierte en centro de ocio. Es peatonal, pero hay un tranvía que la recorre de principio a fin. En caso de toparse con alguna protesta o manifestación, habituales en esta calle, lo mejor es alejarse.

4 Torre Gálata (Galata Kulesi)

📍 F2 📍 Büyük Hendek Sok 🕐 8.30–23.00 diario (último acceso: 22.00) 🌐 galatakulesi.gov.tr 📍

Esta torre de 67 m de altura, uno de los monumentos más característicos de la ciudad, fue construida en 1348 por los genoveses, principales aliados comerciales del Imperio bizantino, como parte de la fortificación de Gálata. La torre ha sobrevivido a varios terremotos y se ha restaurado muchas veces. Un ascensor sube hasta lo alto, que ofrece fabulosas vistas del Cuerno de Oro y la ciudad. En el interior de la torre hay un pequeño museo que narra la historia de Estambul.

5 Museo Militar (Askeri Müze)

📍 B5 🏛 Vali Konağı Cad, Harbiye
🕐 9.00–16.30 ma–do
🌐 askerimuze.msb.gov.tr ↗

Este museo, ubicado en la academia militar donde se formó Atatürk, documenta la historia de los conflictos bélicos desde el periodo otomano hasta la Segunda Guerra Mundial. Hay cotas de malla, armaduras, espadas y tiendas bordadas. Se puede ver a la banda *mehter* interpretando música militar de los jenízaros, el cuerpo de élite otomano, cada día a las 15.00.

6 Çukurcuma

📍 G2

El barrio antiguo de Beyoğlu alberga hoy tiendas de segunda mano y antigüedades. Sus mansiones y almacenes se han restaurado y venden desde armarios antiguos hasta tapicerías modernas o cómics de la década de 1960.

7 Museo de la Inocencia (Masumiyet Müzesi)

📍 G2 🏛 Dalgıç Çıkmaz 2, Çukurcuma
🕐 10.00–18.00 ma–do 🌐 masumiyet muzesi.org ↗

Este museo está inspirado en el libro *El museo de la inocencia*, del escritor turco Orhan Pamuk, ganador del premio Nobel. Las colillas de los miles de cigarrillos fumados por el angustiado protagonista de la novela se exponen, junto a otros recuerdos, en una casa de época.

8 Monasterio Mevlevi (Mevlevi Tekkesi)

📍 F2 🏛 Galip Dede Cad 15 ☎ (0212) 245 41 41 🕐 9.00–19.00 ma–do ↗

Este monasterio de finales del siglo XVIII perteneció a una secta sufí de místicos islámicos y ahora alberga el Museo de los Derviches Giróvagos (Mevlevihane Müzesi). Los derviches siguen bailando en él cada domingo (horarios en el tablón exterior, conviene llamar para reservar). El museo contiene objetos relacionados con los rituales de los derviches, como cuencos para pedir limosna, pero lo más destacado es la *semahane* o sala de baile.

El adiestrador de tortugas, de
Osman Hamdi Bey, Museo Pera

9 Museo Pera (Pera Müzesi)

⊡ F2 🏛 Meşrutiyet Cad 65 ☎ (0212)
334 99 00 ⊙ 10.00–19.00 ma–sá
(hasta 22.00 vi); 12.00–18.00 do
🌐 peramuseum.org ⤢

El antiguo Bristol Hotel alberga este
museo de la fundación privada Suna e
İnan Kiraç creada por ricos industriales
turcos. En la primera planta se expone
la colección de azulejos y cerámica de
Kütahya y pesos y medidas de Anatolia
de la familia Kiraç. La siguiente planta
alberga una interesante colección
sobre la vida en la corte imperial
otomana del siglo XVII en adelante,
con obras de artistas mayoritariamente
europeos. Las plantas altas son para
exposiciones temporales.

10 Plaza Taksim (Taksim Meydanı)

⊡ G1

Esta bulliciosa plaza, centro comercial
y cultural del moderno Beyoğlu, está
repleta de elegantes hoteles, bares
y restaurantes. Era el punto final
de la red de abastecimiento de agua
trazada por Mahmut I en 1732, cuyo
depósito original está en el extremo
oeste de la plaza. En el mismo lado
se alza el monumento a la Independencia, una escultura de Atatürk y
otros héroes revolucionarios erigida
en 1928.

**Actuación de derviches en el
monasterio Mevlevi**

UN DÍA EN BEYOĞLU

Museo Militar 1,2 km → Plaza Taksim
Nevizade Sokak
Iglesia de San Antonio de Padua
İstiklal Caddesi
Instituto Galatasaray
Baños Galatasaray
Çukurcuma
Beyoğlu İş Merkezi
Asmalı Mescit Sokağı
Iglesia de Santa María Draperis
Monasterio Mevlevi
Galip Dede Caddesi
Fransız Sokağı
Torre Gálata

Mañana

Tras cruzar el puente Gálata, pon
rumbo a la **torre Gálata** (*p. 87*) y
sube en ascensor hasta su
mirador para disfrutar de las
impresionantes vistas. Una vez
abajo, puedes tomar algo en un
típico jardín de té antes de pasear
por **Galip Dede Caddesi** (*p. 91*), en
cuyas tiendas de música puedes
probar algún instrumento
tradicional turco. Continúa hacia
Tünel (*p. 90*) para descubrir a los
derviches giróvagos en el
monasterio Mevlevi. Luego
puedes comer en alguno de los
pequeños cafés de la bohemia
Asmalı Mescit Sokağı o disfrutar
de algo más francés en **Fransız
Sokağı** (calle Francesa).

Tarde

Sube por **İstiklal Caddesi** (*p. 87*),
disfrutando de las tiendas de
música y moda y del **Beyoğlu İş
Merkezi** (*p. 91*), y visita las iglesias
de **Santa María Draperis** y **San
Antonio de Padua** (*p. 90*). Llega al
Museo Militar a tiempo para la
actuación de las 15.00 de la
banda *mehter*. Sigue hacia
Çukurcuma por la **plaza Taksim,**
puedes parar o tomar algo si lo
necesitas. Tras recorrer los
anticuarios de Çukurcuma, relájate
en los **baños Galatasaray** (*p. 90*).
Luego, pasa junto al **instituto
Galatasaray** (*p. 90*) y continúa
hasta la bulliciosa **Nevizade
Sokak,** donde puedes cenar y
tomar un vino.

İstiklal Caddesi

1. Tünel
📍 F2

Este funicular de 573 m sube la fuerte pendiente entre el puente Gálata e İstiklal Caddesi. Lo construyó un ingeniero francés en 1874 y es uno de los metros más antiguos del mundo.

2. Iglesia de San Antonio de Padua (Sent Antuan)
📍 F1 🏠 İstiklal Cad 171 📞 (0212) 244 09 35 🕐 8.00–19.30 todos los días 🕐 12.30–15.00 do

Este edificio neogótico de ladrillo rojo es la mayor iglesia católica abierta al culto de la ciudad. La diseñó en 1911 Giulio Mongeri, un arquitecto italiano nacido en Estambul.

3. Baños Galatasaray (Tarihi Galatasaray Hamamı)
📍 G1 🏠 Turnacıbaşı Sok 8 (cerca de İstiklal Cad) 🕐 9.00–21.00 diario 🌐 galatasarayhamami.com ↗

Los residentes adinerados de Estambul acuden a este elegante hamam construido por Beyazit II en 1481. Los baños están modernizados, pero conservan todo su encanto. Hay instalaciones separadas para hombres y mujeres.

Entrada al Instituto Galatasaray

4. Iglesia de Cristo
📍 F2 🏠 Serdar Ehrem Sok 52 📞 (0212) 251 56 16

Consagrada en 1868, es el centro de la comunidad anglicana de Estambul.

5. Consulado Sueco
📍 F2 🏠 İstiklal Cad 247 📞 (0212) 334 06 00 🕐 Para actos

Esta embajada de 1757 tuvo que reconstruirse tras un incendio en 1870.

6. Yapı Kredi Kültür Sanat
📍 F1 🏠 İstiklal Cad 285 📞 (0212) 252 47 00 🕐 10.00–19.00 lu–vi, 11.00–19.00 sá, 12.00–19.00 do

Esta galería de arte fue creada por uno de los mayores bancos de Turquía.

7. Instituto Galatasaray (Galatasaray Lisesi)
📍 G1 🏠 İstiklal Cad 159 📞 (0212) 249 11 00 🕐 Al público

Esta escuela fundada en 1481 por el sultán Beyazıt II para los pajes imperiales es una de las principales de Turquía.

8. Mercado de pescado (Balık Pazarı)
📍 F1

Las callejas que rodean este mercado de pescado, fruta y verdura albergan restaurantes económicos y animados.

9. Arcada de las Flores (Çiçek Pasajı)
📍 F1

En la Cité de Pera (1876), una de las galerías victorianas de İstiklal, se halla este antiguo mercado de flores hoy ocupado por tabernas turísticas.

10. Tranvía antiguo
📍 F2–G1

El tranvía tirado por caballos que recorría la calle en el siglo XIX se electrificó en 1914. Cerró en 1961, pero se recuperó en 1990. Sus vagones rojos son un icono de Beyoğlu. Los billetes se adquieren en ambos extremos de la línea.

Tienda de cerámica y ropa en Aznavur Pasajı

Compras

1. Aznavur Pasajı
G1 · İstiklal Cad 108

Esta galería comercial de estilo italiano lleva en İstiklal Caddesi desde 1883. En sus nueve plantas se pueden adquirir multitud de productos, como joyas, ropa y recuerdos.

2. Galip Dede Caddesi
F2

En esta calle con tiendas de música se pueden adquirir instrumentos como los tradicionales *oud*, violines artesanales y címbalos de fabricación local.

3. Çukurcuma
G2

Las calles entre Cihangir y Galatasaray forman parte del barrio antiguo *(p. 88)* y son el mejor lugar para buscar antigüedades.

4. Avrupa Pasajı
F1 · Meşrutiyet Cad 8

Las 22 tiendas de esta tranquila galería comercial ofrecen una atractiva gama de joyas, cerámica y otras artesanías tradicionales turcas. También se encuentran recuerdos curiosos como grabados y mapas antiguos.

5. Beyoğlu İş Merkezi
F2 · İstiklal Cad 187

Este centro comercial de tres plantas, un paraíso de las ofertas, está repleto de pequeñas tiendas que venden marcas de moda. Muchos de los productos son de segunda mano o excedentes, de ahí los precios tan bajos. El sastre del sótano realiza arreglos en el día.

6. Koton
G1 · İstiklal Cad 52, İstiklal Mall · koton.com

Esta cadena turca ofrece moda para hombre y mujer a precios razonables. Los diseños se actualizan regularmente e incluyen prendas de fiesta y de diario.

7. Homer Books
G2 · Yeni Çarşı Cad 52 · homerbooks.com

Esta librería, muy bien surtida, ofrece todo tipo de libros sobre Estambul y Turquía. El personal habla inglés.

8. Mavi Jeans
G1 · İstiklal Cad 153 · mavi.com

Entre las prendas que vende esta marca de moda, una de las más populares de Turquía, se incluyen vaqueros de algodón orgánico y camisetas modernas.

9. By Retro
F2 · Suriye Pasajı 166/C

Ubicada al final de la histórica galería del pasaje de Siria, esta tienda vende ropa *vintage* y otros productos retro.

10. Ali Muhiddin Hacı Bekir
G1 · İstiklal Cad 83A · haci behir.com

La sucursal en Beyoğlu de la pastelería que inventó el *lokum* (delicia turca) en 1777 es perfecta para comprar este dulce. También tiene *akide* (dulces cocidos), *helva* y baklava.

Música en directo en el moderno Babylon

Vida nocturna

1. Nardis Jazz Club
F3 Kuledibi Sok 8 do
nardisjazz.com
Música en directo todas las noches salvo domingo. Lo mejor, las ensaladas y la pasta en una mesa cerca del escenario.

2. Babylon
Bomontii Bira Fabrikası 1, Şişli
babylon.com.tr
Este local instalado en una antigua fábrica de cerveza al norte de la plaza Taksim es el mejor de la ciudad para escuchar música en directo, sobre todo de grupos alternativos.

3. Mektup
F1 İman Adnan Sok 20, off İstiklal Caddesi (0212) 249 11 67
Uno de los mejores locales de Beyoğlu para escuchar música folclórica turca y tomarse una cerveza.

4. Centro cultural Atatürk
H1 Mete Cad 2
akmistanbul.gov.tr
Actuaciones de ópera, de orquesta y ballet en este complejo cultural de llamativa arquitectura en la plaza Taksim. También programan obras de teatro y proyecciones de películas.

5. Kastel Club
F1 Hüseyinağa, Kamer Hatun Cad 10 (0533) 215 30 96
Entre la terraza del club Kastel y su pista de baile hay un edificio ornamentado con techos repletos de frescos.

6. Minimuzikhol
G2 Soğancı Sok 3, off Sıraselviler Cad minimuzikhol.club
Este pequeño y animado club atrae a aficionados al tecno, el dubstep y el hip hop. De vez en cuando hay sesiones de DJ internacionales famosos. Consultar la programación en la página web.

7. Frankhan
G3 Kemankeş Cad 73, Karaköy
frankhan.istanbul
Local dividido en dos salas cerca del puerto Gálata en el que actúan DJ nacionales e internacionales.

8. 360
F1 İstiklal Cad 163
360istanbul.com
Este popular local, concurrido sobre todo los fines de semana, dispone de una elegante terraza con magníficas vistas. Ofrece música suave con la cena y a partir de medianoche un DJ pincha ritmos más bailables.

9. Peyote
F1 Kameriye Sok 4, off Hamalbaşı Cad (0212) 251 43 98
Este popular local atrae a una clientela joven con sus precios bajos y sus actuaciones de grupos alternativos e internacionales.

10. Salon İKSV
F2 Sadi Konuralp Cad 5, off Refik Saydam Cad saloniksv.com
Local íntimo con músicas del mundo, clásica y jazz, además de danza y teatro.

Bares, cafés y restaurantes

PRECIOS

Una comida con *meze* y un plato
principal sin bebidas alcohólicas,
servicio e impuestos incluidos.
....
₺ menos de 500 ₺ · ₺₺ 500-1000 ₺
₺₺₺ más de 1000 ₺

1. Mandabatmaz
📍 F1 🏠 Olivia Geçidi, off İstiklal Cad
🌐 mandabatmaz.com.tr · ₺

En los taburetes de este pequeño local
se puede disfrutar del aromático y magnífico café turco a unos precios increíbles.

2. Kafe Ara
📍 F1 🏠 Ara Güler Sok 2, cerca de Yeni
Çarşı Cad 📞 (0212) 245 41 05 · ₺₺

Este café con ambiente artístico e
intelectual sirve platos ligeros y recién
hechos, pero no alcohol. Está decorado
con trabajos del fotógrafo más famoso
de Turquía, Ara Güler.

3. Otantik Café
📍 F3 🏠 Camekan Sok 4 📞 (532) 578
50 63 · ₺

Este encantador local sirve café turco,
tarta de manzana casera y otros dulces.
Otantik está a tiro de piedra de la torre
Gálata.

4. Refik
📍 F2 🏠 Sofyali Sok 6–8 📞 (0212) 243
28 34 · ₺₺

Este *meyhane* con *meze*, barra libre de
vino y una clientela alternativa
mantiene su atrativo tradicional.

5. Mikla
📍 F1 🏠 The Marmara Pera, Meşrutiyet
Cad 15, Beyoğlu 🌐 miklarestaurant.
com · ₺₺

Este restaurante de azotea reinterpreta
las especialidades de Anatolia. La
comida y las vistas son maravillosas.

6. Salon Galata
📍 F3 🏠 Bankalar Cad 3/A, Karaköy
📞 (0212) 252 7256 · ₺₺

Cocina mediterránea contemporánea
servida en un comedor de techos altos
y decoración tradicional.

7. Yeni Lokanta
📍 J6 🏠 Kumbaracı Yokuşu 66,
Beyoğlu 🌐 yenilokanta.com · ₺₺₺

Excelente local que sirve platos típicos
turcos con un toque contemporáneo.

8. Sensus
📍 F2 🏠 Büyük Hendek Cad 5, Galata
🌐 sensuswine.com · ₺₺

Este bar de vinos ofrece docenas de
vinos turcos y una selección de quesos
para acompañarlos. Los fines de semana por la noche se llena, por lo que
conviene reservar.

9. Hasan Fehmi Özsüt
📍 F2 🏠 İstiklal Cad 261
🌐 karakoyozsut.com.tr · ₺

Una institución en Beyoğlu que lleva
sirviendo desayunos tradicionales
desde 1915. Su *kaymak*, una especie
de cuajada, se elabora con la leche de
la granja que tienen en Tekirdağ.

10. Aheste
📍 F2 🏠 Asmalı Mescit, Meşrutiyet
Cad 107 📞 (0212) 243 26 33 🕐
Mediodía · ₺₺₺

Aheste significa 'a fuego lento' y este
lugar destaca por sus platos *meze* para
compartir.

**La agradable terraza
del Kafe Ara**

EL BÓSFORO

El Bósforo es uno de los canales con más tráfico del mundo y es parte de la única vía navegable entre el mar Negro y el Mediterráneo. Tiene solo 32 km de largo y una anchura de entre 3,5 km y 698 m y comunica el mar Negro con el mar de Mármara, separando Europa y Asia. El estrecho se rige por la legislación marítima internacional, por lo que Turquía solo tiene autoridad sobre las embarcaciones con bandera turca. La navegación puede ser complicada, ya que la mezcla de agua dulce del mar Negro y agua salada del mar de Mármara crea unas contracorrientes fuertes. Todo esto resulta fascinante, aunque lo que realmente importa a la mayoría es la belleza del canal y los edificios históricos que bordean sus orillas.

- **1** Imprescindible
  p. 95
- **1** Bares, cafés y
  restaurantes
  p. 99
- **1** Y además...
  p. 98

Para alojamientos en esta zona ver p. 116

Exposiciones de temática marítima en el Museo Naval

1 Istanbul Modern (İstanbul Modern)

G2 Kılıç Ali Paşa Mahallesi Tophane İskele Cad 1/1, Beyoğlu
10.00–18.00 ma–do (hasta 20.00 vi)
istanbulmodern.org

La reseñable colección de este museo vanguardista incluye pintura, escultura y fotografía moderna de Turquía, a lo que se añaden exposiciones temporales, instalaciones de vídeo y audio y un cine de arte y ensayo. Además de los espacios de la galería principal, el edificio consta de una gran plaza pública, un restaurante, una cafetería, una librería, una biblioteca y un espacio interior y exterior amplio para actos.

2 Palacio Dolmabahçe (Dolmabahçe Sarayı)

En 1856 el sultán Abdül Mecit trasladó a toda su familia y al gobierno desde Topkapı hasta este palacio de estilo europeo *(p. 40)* en Beşiktaş, a orillas del Bósforo.

3 Museo Naval (Deniz Müzesi)

C5 Beşiktaş Cad 6, Sinanpaşa
(0212) 327 43 45 9.00–17.00 ma–vi, verano: 10.00–17.00 sá y do

Este moderno museo situado a orillas del Bósforo celebra la gran historia marítima de la Turquía otomana. En la planta principal destacan los elegantes caiques imperiales, embarcaciones de proa larga que se usaban para trasladar a la familia real por el Bósforo. El mayor de todos, construido para el sultán Mehmet IV en 1648, tenía 40 m de largo y necesitaba 144 *kürekçis* (remeros). La planta inferior alberga mascarones de proa tallados y una muestra cronológica sobre la historia naval otomana.

4 Palacio Beylerbeyi (Beylerbeyi Sarayi)

C5 Abdullahağa Cad (junto al puente de los Mártires del 15 de Julio)
Abr–sep: 9.00–17.00 ma–do; oct–mar: 9.00–16.00 ma–do
millisaraylar.gov.tr

Este palacio pequeño y con una ornamentación recargada fue construido entre 1860 y 1865 como residencia de verano para el sultán Abdül Aziz. Aquí permaneció cautivo el sultán Abdül Hamit II *(p. 97)* tras ser depuesto en 1909. El detallismo del estilo rococó-gótico del arquitecto Sarkis Balyan puede resultar encantador o excesivo. Destacan las sinuosas escaleras del salón de la Fuente, las bohemias lámparas de araña, los pomos en forma de mano, las alfombras de Hereke y los muebles de nogal y palisandro fabricados por el propio Abdül Hamit.

El puente de los Mártires
del 15 de Julio, sobre el Bósforo

5 Puente de los Mártires del 15 de Julio (15 Temmuz Şehitler Köprüsü)

📍 C5

Construido en 1973, coincidiendo con el 50° aniversario de la instauración de la República de Turquía, el puente pasó a llamarse así en memoria de las personas que perdieron su vida durante el golpe militar en 2016. Sus 1.560 m de longitud lo convierten en el sexto puente colgante más largo del mundo. Los peatones no pueden cruzarlo, así que para disfrutar de la vista con detenimiento conviene acudir en hora punta, cuando el tráfico es denso.

6 Fortaleza de Europa (Rumeli Hisarı)

📍 U2 📍 Yahya Kemal Cad 📞 (0212) 263 53 05 🕐 9.00–18.00 ma–do ↗

En 1452, antes del ataque final a Constantinopla, Mehmet II construyó esta fortaleza en el punto más angosto del Bósforo, frente a la fortaleza de Asia (Anadolu Hisarı) *(p. 98)*, para cortar los suministros a la ciudad. Las tres torres del castillo están rodeadas por un lienzo de muralla con 13 bastiones. La torre principal se utilizó posteriormente como prisión. La fortaleza está inmersa en trabajos de restauración y algunas partes podrían estar cerradas.

7 Museo Aşiyan (Aşiyan Müzesi)

📍 U2 📍 Aşiyan Yokuşu, Bebek 📞 (0212) 263 69 86 🕐 9.00–17.00 ma–do

El poeta y filósofo Tevfik Fikret (1867-1915), fundador del movimiento Edebiyat-i Cedid (Nueva Literatura), construyó en 1906 esta mansión de madera, ahora en el campus de la Universidad Boğazici. Se recuerda a los miembros del movimiento con objetos personales y fotografías.

8 Museo Sakıp Sabancı (Sakıp Sabancı Müzesi)

📍 U2 📍 Sakıp Sabancı Cad 42, Emirgan 📞 (0212) 277 22 00 🕐 10.00–18.00 ma–do 🌐 sakipsabanci muzesi.org ↗

La Atlı Koşk (mansión del Caballo), residencia de verano de la familia de industriales Sabancı entre 1951 y 1999, alberga un museo con un impresionante jardín que mira hacia el Bósforo. Las muestras incluyen caligrafía del periodo otomano y cuadros de destacados artistas de los siglos XIX y XX. El anexo moderno es una galería de arte

**Pieza del Museo
Sadberk Hanım**

donde se
ofrecen
exposiciones
temporales.

9 Museo Sadberk Hanım (Sadberk Hanım Müzesi)

🚌 U1 📍 Piyasa Cad 25, Büyühdere
🕐 10.00–17.00 ju–ma 🌐 sadberk
hanimmuzesi.org.tr 🔗

La colección de este museo de visita
obligada incluye muestras con borda-
dos turcos, figurillas de Anatolia,
tablillas con escritura cuneiforme
asiria, monedas hititas y joyas de oro.

10 Palacio Yıldız (Yıldız Sarayı)

📍 C5 🚌 Yıldız Cad, Beşiktaş 🕐 9.00–
17.30 ju–ma 🌐 millisaraylar.gov.tr 🔗

Aunque el corazón de este complejo –los
aposentos de Estado (*Büyük Mabeyn*)–
datan del reinado del sultán Selim III,
gran parte del palacio fue construido
por el sultán Abdül Hamit II. El parque y
los pabellones también se pueden visitar. Destaca el gran pabellón Mabeyn y
el quiosco panorámico Cihannüma. En
los jardines está la Fábrica Imperial de
Porcelana, que ahora, en vez de porcelana fina, elabora porcelana china
al por mayor.

LOS MIEDOS DEL SULTÁN

El sultán Abdül Hamit II, quien gobernó
de 1876 a 1909, sobrevivió a varios
complots nacionales y foráneos.
Temeroso de un ataque marítimo,
decidió mudarse del palacio
Dolmabahçe, frente al mar, al pequeño
palacio Yıldız. Hamit levantó un complejo
extenso y dejó de viajar. Sobrevivió a dos
intentos de asesinato antes de ser
derrocado en el golpe de Estado de 1909.

**Fortaleza de Europa,
a orillas del Bósforo**

UN PASEO POR KARAKÖY

Mañana

Desde la **la plaza Karaköy,** sube
hasta el Minerva Han, decorado
con estatuas de Cupido. Gira a la
izquierda en **Bankalar Caddesi,**
calle que recuerda a Vlad el
Empalador, cuya cabeza
decapitada supuestamente se
expuso aquí. Si tienes tiempo, visita
la galería **SALT Gálata.** La
escalera Kamondo conduce a la
torre Gálata (*p. 60*). Vuelve luego
por Karaköy Caddesi y gira a la
derecha para visitar **Yeraltı Camii**
(Kemkaneş Cad 23), una mezquita
subterránea construida sobre una
torre bizantina. Continúa por
Karaköy y gira a la izquierda en
Rihtim Caddesi. Aquí está
Güllüoğlu, la mejor tienda de
baklava de Turquía; la cercana
Galata Rihtim Koftecisi es una
opción más saludable para comer.

Tarde

En Meclis-ı Mebusan Caddesi hay
dos pequeñas mezquitas, la
mezquita de Nusretiye y la
mezquita Kılıç Ali Paşa,
construida por Sinán en 1580. Gira
a la derecha hacia la calle
principal y, tras la Universidad
Mimar Sinán, vuelve a girar a la
derecha. Sigue por los antiguos
muelles hasta llegar a **İstanbul
Modern** (*p. 91*), desde cuyo
café-bar puedes contemplar el
atardecer. Toma el **tranvía de
Tophane** a Kabataş y el funicular a
la plaza Taksim (*p. 84*) para cenar.

Vistas desde la fortaleza de Asia

Y además...

1. Museo de Pintura de los Palacios Nacionales (Milli Saraylar Resim Müzesi)
📍H1 🏛Dolmabahçe Cad, Beşiktaş
🕐9.00–17.30 ma–do
🌐millisaraylar.gov.tr

Este museo con arte de los siglos XIX y XX ocupa la estancia de los Príncipes de la Corona del palacio Dolmabahçe.

2. Palacio Çırağan (Çırağan Sarayı)
📍C5 🏛Çırağan Cad 32, Beşiktaş
🌐hempinski.com

El sultán Abdül Aziz gastó una fortuna en la construcción de este palacio, para luego afirmar que era húmedo y abandonarlo. Ahora alberga un hotel de lujo.

3. Ortaköy
📍C5

Este bonito pueblo junto al puente de los Mártires del 15 de Julio ofrece cafés, restaurantes, clubes y un mercado de artesanía los fines de semana.

4. Arnavutköy
📍U3

Este pueblo era conocido por sus fresas, pero ahora tiene fama por los hermosos *yalıs* (mansiones de madera) que bordean la orilla del estrecho.

5. Museo de la Memoria del 15 de julio (Hafıza 15 Temmuz Müzesi)
📍C5 🏛Nevnihal Sok 12, Kuzguncuk
📞(0216) 553 15 07
🕐9.00–18.00 ma–do

Museo que conmemora el frustrado golpe militar de Turquía en 2016.

6. Palacio Küçüksu (Küçüksu Kasrı)
📍U3 🏛Küçüksu Cad, Beyhoz (lado asiático) 📞(0216) 332 33 03 🕐Visitas guiadas: 9.00–17.30 ma–do 🚻♿

Küçüksu era un lugar de recreo para la corte. El palacio se construyó en 1857 como pabellón de caza para Abdül Mecit. Tenía dos ríos que los otomanos conocían como "las aguas dulces de Asia".

7. Fortaleza de Asia (Anadolu Hisarı)
📍U2

Esta fortaleza en la orilla asiática del Bósforo fue construida por Beyazıt en 1391. Frente a ella levantó Mehmet II en 1452 la fortaleza de Europa *(p. 96)*.

8. Parque Emirgan (Emirgan Parkı)
📍U2 🏛Emirgan Sahil Yolu
🕐7.00–22.00 diario

Este parque sirve de escenario al Festival del Tulipán *(p. 62)* en abril.

9. Borusan Contemporary
📍U2 🏛Perili Köşk Baltalımanı Hısar Cad 5, Rumelihisarı 🕐10.00–19.00 sá y do 🌐borusancontemporary.com ♿

Moderno edificio de oficinas los días laborables y galería de arte los fines de semana. Magníficas vistas del Bósforo desde la azotea.

10. Anadolu Kavağı
📍V1 🏛Lado asiático

Última parada del ferri del Bósforo, desde donde se puede subir a las ruinas del castillo Yoros, fortaleza genovesa del siglo XIV.

Bares, cafés y restaurantes

1. Kaşıbeyaz
📍 U2 🏠 Köybaşı Cad 10, Yeniköy
🌐 hasibeyaz.com.tr · ₺₺
Este elegante restaurante de kebabs ofrece vistas del Bósforo, buena comida y un magnífico servicio.

2. Feriye Lokantası
📍 C5 🏠 Çırağan Cad 44, Ortaköy
🌐 feriye.com · ₺₺
Restaurante de moda que combina recetas tradicionales otomanas con platos europeos. Conviene reservar.

3. Kıyı
📍 U2 🏠 Haydar Aliyev Cad 186/A, Tarabya 🌐 kiyi.com.tr · ₺₺
Elegante local de pescado en el lujoso barrio de Tarabya. Los *meze* y platos de pescado resultan deliciosos.

4. Tuğra
📍 C5 🏠 Çırağan Cad 32, Beşiktaş
🌐 tugrarestaurant.com.tr · ₺₺₺
Situado en el hotel Çırağan Palace Kempinski, Tuğra sirve excelentes platos de influencia otomana en un ambiente de cuento de hadas.

5. The House Café
📍 C4 🏠 Salhane Sok 1, Ortaköy
🌐 thehousecafe.com · ₺₺
La sucursal en Ortaköy de esta popular cadena de cafés sirve pizzas inusuales (con pera, roquefort o miel), además de *brunch*. La plataforma de madera junto

a la orilla es muy agradable en verano. Solo abre para almuerzos de mañana.

6. Any Café & Bar
📍 U3 🏠 Arnavutköy Cad 71, Arnavutköy
📞 (0212) 265 32 69 🕐 lu · ₺₺₺
Popular bar en el que tomarse una hamburguesa o pizza acompañada de un cóctel. Música en directo y actuaciones de DJ los fines de semana.

7. Però
📍 U2 🏠 Köybaşı Caddesi, Daire Sok 5/A, Yeniköy 📞 (0212) 223 77 77 · ₺₺₺
Local en el que tomarse una copa con vistas al Bósforo. Sirve huevos benedictinos y tortitas por la mañana, y bistec y salmón por la noche.

8. Atiye Bebek
📍 U3 🏠 Çevdet Paşa Cad 15/A, Bebek
📞 (530) 829 71 81 · ₺₺
Este famoso restaurante sirve gastronomía turca en un ambiente elegante.

9. Blackk
📍 U3 🏠 Muallim Naci Cad 71, Kuruçeşme 📞 (0212) 236 72 78 · ₺₺
Este club nocturno a orillas del Bósforo entretiene a sus clientes con sonidos pop, R&B y otros estilos musicales.

10. Suna'nın Yeri
📍 U3 🏠 İskele Cad 2/A, Kandilli
📞 (0216) 308 45 12 · ₺₺
El pescado en este establecimiento es mucho más barato, e igual de bueno, que en la mayoría de restaurantes del Bósforo.

Platos tradicionales turcos en Tuğra

ESTAMBUL ASIÁTICO E ISLAS DE LOS PRÍNCIPES

El Estambul asiático está a poca distancia en ferri por el Bósforo o a una parada de metro por el túnel del Bósforo. Esta zona engloba los barrios de Üsküdar, con varias mezquitas otomanas y la torre de la Doncella, y Kadıköy, con multitud de bares. Entre ambos barrios se encuentra la torre de Çamlıca y la estación de Haydarpaşa. A las islas de los Príncipes se llega en ferri desde Kabataş y son ideales para nadar, montar en bicicleta o relajarse en un restaurante junto a la orilla.

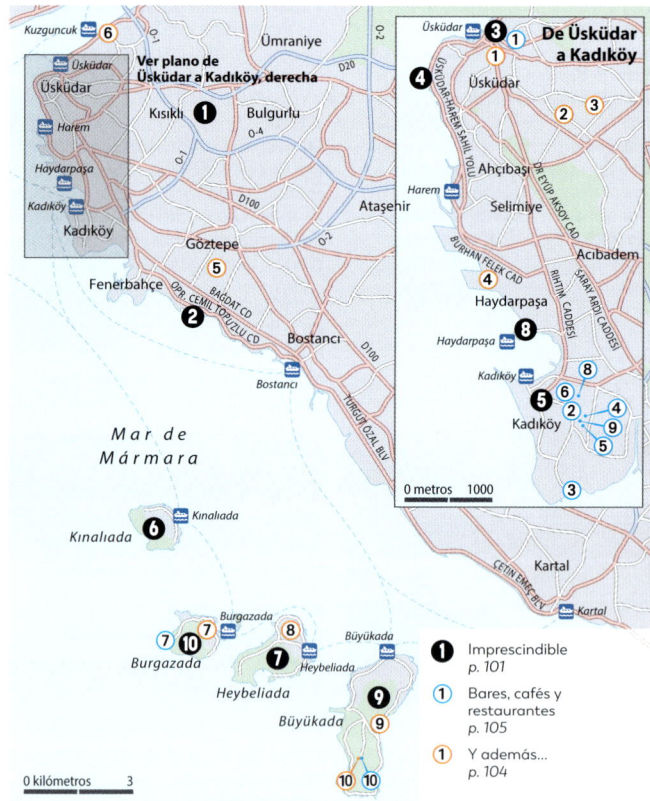

1	Imprescindible p. 101
1	Bares, cafés y restaurantes p. 105
1	Y además… p. 104

Para alojamientos en esta zona ver p. 117

1 Torre Çamlıca (Çamlıca Kulesi)

⟐U3 ⌂Oyma Sok 1, Çilehane Yolu Cad
🕑10.00–22.00 diario
🌐camlicakule.istanbul ↗

Terminada en 2016 e inaugurada oficialmente en 2021, esta enorme torre de Üsküdar es la más alta de Estambul. Además de utilizarse para televisión y radio, la torre futurista cuenta con una cafetería, un restaurante y dos miradores panorámicos. Cerca está la gigantesca mezquita de Çamlıca, que se completó sobre la misma época como parte de un proyecto de regeneración urbanística.

2 Parque Caddebostan

⟐V5

Este parque de 20 km a lo largo del paseo marítimo es uno de los lugares más agradables de la ciudad. Tumbarse sobre el césped es uno de los pasatiempos favoritos de muchas personas los fines de semana, mientras otras disfrutan de tranquilos pícnics. Un paseo marítimo con carril bici recorre el parque, ideal para montar en bicicleta, patinar o pasear. Tiene vistas al mar de Mármara y algo más lejos se ven las islas de los Príncipes. También hay tres playas principales que ofrecen actividades como windsurf, vóley-playa y el remo.

Torre de la Doncella, sobre un islote en el Bósforo

Santuario de la mezquita histórica İskele

3 Mezquita İskele (İskele Camii)

⟐X2 ⌂Kurşunlu Medrese Sok
📞(0216) 321 93 20 🕑9.00–18.00 diario 🕑Durante la oración

Este bonito templo, cuyo nombre oficial es mezquita de Mihrimah, lo mandó construir Solimán I en 1547-1548 como regalo para su hija favorita, Mihrimah. El pórtico elevado ofrece hermosas vistas de la plaza mayor.

4 Torre de la Doncella (Kız Kulesi)

⟐W3 📞(0216) 342 47 47
🕑9.00–21.00 diario

Situada en un islote en medio del Bósforo, data del siglo XVIII. Se puede llegar a ella en ferri desde un muelle frente al Ziraat Bank de Karaköy. Debe su nombre a una legendaria princesa bizantina a la que dijeron que fallecería por la mordedura de una serpiente y la encerraron en la isla para protegerla, pero una serpiente llegó dentro de una cesta de higos. La torre apareció en la película de James Bond de 1999 *El mundo nunca es suficiente*. Hoy alberga una pequeña cafetería y ofrece excelentes vistas.

5 Kadıköy
🔲 C6

Kadıköy, una zona habitada desde el Neolítico, fue el emplazamiento de la colonia griega de Calcedón, fundada en 676 a. C., 9 años antes de que lo fuera Bizancio *(p. 8)*. Sin embargo, Calcedón resultó más vulnerable a los ataques que Bizancio y no floreció. Kadıköy es hoy una popular zona comercial y de ocio, pero que ha mantenido su sabor de barrio. La zona de mercado junto a los muelles, donde se venden frutas y verduras, es un buen lugar para abastecerse de provisiones. Un antiguo tranvía recorre la zona hasta Moda, en el Estambul asiático, donde se puede disfrutar de un agradable paseo por la orilla. El estadio Şukru Saracoğlu, del Fenerbahçe, uno de los principales clubes de fútbol de Turquía, está cerca de aquí, por lo que los días de partido suele haber atascos.

6 Kınalıada
🔲 U5

Kınalıada, la isla de Henna, se llama así por su suelo rojizo, resultado de la minería de hierro y cobre de antaño. Es la más cercana a la ciudad y la menos visitada. Tiene algunas playas aceptables y en verano es popular entre la comunidad armenia de Estambul, que cuenta con una bonita iglesia justo por sobre el pueblo.

7 Heybeliada
🔲 V6

La isla de la Montura se llama así porque está formada por dos colinas y una especie de silla de montar entre ambas. Es la tercera isla del archipiélago y resulta ideal para montar en bicicleta o pasear en coche de caballos. El seminario ortodoxo griego de Haghia Triada *(p. 104)* domina una de las colinas. Hay varias playas de pago por la isla.

8 Estación de Haydarpaşa
🔲 C6 🏠 Haydarpaşa İstasyon Cad 📞 (0216) 336 04 75

La estación de Haydarpaşa es la mayor de Turquía y la más occidental en Asia. Fue finalizada en 1908 por los arquitectos alemanes Otto Ritter y Helmuth Cuno, como regalo del Gobierno del káiser Guillermo II. Bajo la estructura

Los bonitos arcos del interior de la estación de Haydarpaşa

**Anticuarios y hoteles
en una calle de Kadıköy**

UNIÓN ENTRE EUROPA Y ASIA

El primer puente sobre el estrecho del Bósforo lo construyó el rey persa Darío en 513 a. C. En 1973, casi 2.500 años después, se inauguró el primer puente colgante sobre el Bósforo. Un segundo puente se tendió algo más arriba del estrecho en 1988. En 2013 se construyó el túnel de Marmaray, que comunica Halkali, en la orilla europea, con Gebze, en la orilla asiática. Un tercer puente sobre el Bósforo se finalizó en 2016.

neoclásica yace un vasto complejo de tumbas bizantinas, descubierto en 2018 durante una exhaustiva restauración de la estación. Se han desenterrado más de 50.000 objetos griegos, romanos, bizantinos y otomanos, y aún se están descubriendo más. Tras las obras, Haydarpaşa se convertirá en la principal estación de trenes de la Estambul asiática y en un museo.

9 Büyükada
▾V6

La isla Grande es la mayor del grupo y la más alejada de Estambul. Es posible alquilar una bicicleta y pedalear hasta el Museo de las Islas de los Príncipes (p. 104). De vuelta hacia Büyükada, una empinada cuesta conduce al monasterio de San Jorge (p. 104), que tiene al lado un restaurante, ambos con buenas vistas al mar o a las islas.

10 Burgazada
▾U6

La isla de Burgazada está coronada por un monasterio bizantino en ruinas. Resulta de interés el museo dedicado al escritor Sait Faik Abasiyanik (p. 104), instalado en una encantadora casa de época. Los visitantes pueden dar un paseo, nadar en el mar o comer pescado junto a la orilla.

UN DÍA EN ASIA

Mañana

Tienes que tomar el tranvía a **Kabataş**. Si no dispones de una İstanbulkart, compra varios billetes sencillos en la terminal de ferris. Pide un horario de los barcos. Los fines de semana de verano viaja mucha gente, así que conviene llegar temprano para asegurarte un asiento hasta **Kınalıada** (la travesía dura unos 50 min). Luego visita la pequeña **capilla armenia** (*Akgünlük Sok Kınalıada*) de la colina antes de tomar otro ferri hasta **Burgazada**. Alquila una bicicleta o monta en un coche de caballos (*fayton* en turco) y recorre el litoral hasta **Kalpazankaya** (p. 105), donde hay un restaurante con buen pescado y vistas a una playa.

Tarde

Toma el ferri a **Heybeliada** y recorre el puerto. Aquí está la iglesia ortodoxa griega de **Aya Nikola** (*İmralı Sok 11, Heybeliada*) y puedes tomar un café turco antes de subir al ferri de **Büyükada**. Para descubrir la historia de las islas, alquila una bicicleta o *fayton* y acércate al **Museo de las Islas de los Príncipes** (p. 104), en la costa este de **Büyükada**. La mejor playa, aunque pedregosa, es **Ialik Köyü**, en la orilla oeste. También puedes ver las mansiones del pueblo (Trotsky vivió en una de 1929 a 1933) o subir al **monasterio de San Jorge** (p. 104). El ferri que lleva de vuelta a **Kabataş** tarda menos de dos horas.

Y además...

Interior del monasterio de San Jorge

1. Mezquita de Yeni Valide (Yeni Valide Camii)

🗺 X2 🏠 Hakimiyeti Milliye Cad
🕐 Solo durante la oración

Esta imponente mezquita la construyó Ahmet III en 1710 para su madre, Gulnuş Emetullah.

2. Mezquita de Atik Valide (Atik Valide Camii)

🗺 Y3 🏠 Çinili Cami Sok
🕐 Solo durante la oración

Esta mezquita (p. 40) se finalizó en 1583 para la valida del sultán Nurbanu, esposa judía y veneciana de Selim II.

3. Mezquita de los Azulejos (Çinili Camii)

🗺 C5 🏠 Çinili Hamam Sok 1, Üsküdar
🕐 Solo durante la oración

El interior de esta mezquita de 1640 está cubierto de azulejos de İznik con motivos geométricos y florales.

4. Cementerio Británico de la Guerra de Crimea

🗺 C6 🏠 Off Burhan Felek Cad

La mayoría de los 6.000 soldados que yacen en este cementerio murieron de cólera y no en batalla. El monumento se erigió en 1857.

5. Museo del Juguete de Estambul (Istanbul Oyuncak Müzesi)

🗺 U4 🏠 Ömerpaşa Cad, Dr Zeki Zeren Sok 17, Göztepe 📞 (0216) 359 45 50/1
🕐 10.00–18.00 ma-vi, 10.00–18.30 sá y do 🗺

Entre los juguetes y miniaturas de todo el mundo que forman esta colección, destacan un violín en miniatura de 1817 y una muñeca de la década de 1820.

6. Kuzguncuk

🗺 C5

Merece la pena pasear por las calles de este antiguo barrio judío y comer en alguno de los restaurantes de su calle principal, İcadiye Caddesi.

7. Museo de Sait Faik Abasıyanık (Sait Faik Abasıyanık Müzesi)

🗺 U6 🏠 Çayır Sok 15, Burgazada
🕐 10.30–17.00 mi–do

El escritor turco Sait Faik Abasinayik vivió en esta casa bien conservada.

8. Monasterio de Haghia Triada (Aya Triada Manastırı)

🗺 V6 🏠 Adalar Rum Kilisesi 45, Heybeliada 📞 (0216) 351 85 63
🕐 9.00–12.30 diario

En la década de 1970 las autoridades turcas clausuraron el seminario de este monasterio, que aún está activo.

9. Museo de las Islas de los Príncipes (Adalar Müzesi)

🗺 V6 🏠 Aya Nikola Mevkii, Büyükada
🕐 Verano: 10.30-18.00; invierno: 10–17.00 ma-do 🌐 adalarmuzesi.com 🗺

Lo más importante de este museo es la colección de fotografías que recoge la historia moderna de las islas.

10. Monasterio de San Jorge (Aya Yorgi Manastırı)

🗺 V6 🏠 Yuca Tepe, Büyükada
🕐 9.00–16.00 todos los días

Este monasterio ortodoxo del siglo XII está construido sobre una colina.

Bares, cafés y restaurantes

1. Kanaat, Lokantasl, Üsküdar
📍 X2 🏠 Selmanipah Cad 9 🌐 kanaat lokantasi.com.tr · ₺
Este típico *lokanta* sigue siendo tan popular como cuando se inauguró en 1933. Ofrece comida turca muy buena y barata, además de deliciosos púdines.

2. Polka Café, Kadıköy
📍 U4 🏠 Caferağa Mah, Zuhal Soh 19 · ₺
Rincón acogedor con manteles de cuadros rojos y blancos, que sirve pasteles caseros y excelente café helado.

3. Tarihi Moda İskelesi, Moda
📍 U4 🏠 Al final del muelle, después de Moda İskele Cad · ₺₺
Este café-biblioteca, ubicado en un pequeño edificio del antiguo muelle, sirve café, té y cosas para picar.

4. Kadife Sokak, Kadıköy
📍 U4
Esta calle, conocida como Barlar Sokak (calle de los Bares), está repleta de bares, cafés y discotecas para el público joven. Se puede escuchar jazz o música electrónica en Karga (n.º 16), tomar una cerveza en la azotea de Stereogun (n.º 10) o relajarse en Arka Oda (n.º 18).

5. Buddha Rock Bar, Kadıköy
📍 U4 🏠 Caferağa Mah, Kadife Soh 14
📞 (0216) 345 87 98 · ₺
Este bar frecuentado por estudiantes ofrece bebidas económicas, una carta de picoteo, rock, blues y actuaciones de DJ.

6. Çiya, Kadıköy
📍 U4 🏠 Caferağa Mah, Güneşlibahçe Soh 44 🌐 ciya.com.tr · ₺₺
Los kebabs de este restaurante son magníficos, aunque también merecen la pena las ensaladas y los *meze*. Cuenta con otros dos establecimientos en la misma manzana.

7. Kalpazankaya, Burgazada
📍 U6 🏠 Kalpazankaya Mevhii
📞 (0216) 381 11 11 · ₺₺
Local en la orilla oeste de Burgazada con *meze* fríos y calientes y buen pescado a la brasa. Es obligatorio reservar.

8. Deniz Yıldızı, Kadıköy
📍 U4 🏠 Serasher Cad 6 📞 (0216) 450 25 34 · ₺₺
Este *meyhane*, un clásico en el *çarşı* (mercado) de Kadıköy, tiene actuaciones en directo los fines de semana y proyecta partidos cuando juega el Fenerbahçe.

9. Viktor Levi, Kadıköy
📍 U4 🏠 Moda Cad, Damacı Soh 4, Kadıköy 🌐 viktorlevimoda.com · ₺₺
Popular bar de vinos con jardín en el corazón de Kadıköy. Ofrece una selección de platos tradicionales para almorzar y cenar.

10. Yücetepe Kır Gazinosu, Büyükada
📍 V6 🏠 Kır Gazinosu, Aya Yorgi, Yüce Tepe 🌐 yucetepe.com.tr · ₺₺
Este local junto al monasterio de San Jorge, en la colina Yüce Tepe, sirve deliciosos entrantes, pasteles salados, patatas fritas y barbacoas.

Preparando delicias turcas en Çiya, en Kadıköy

DATOS ÚTILES

Farolillos a la venta en el Gran Bazar

CÓMO LLEGAR Y MOVERSE

Ya sea a pie o en transporte público, aquí está toda la información para recorrer la ciudad y sus alrededores como un estambulí.

DE UN VISTAZO

PRECIO DEL TRANSPORTE PÚBLICO

BILLETE SENCILLO

20 ₺

(zonas 1-3)

BILLETE CON TRANSBORDO

14,32 ₺

(coste del 2º billete si se hace transbordo)

TRANSPORTE AL AEROPUERTO

204 ₺

(del aeropuerto de Estambul a Aksaray)

LÍMITES DE VELOCIDAD

ZONAS URBANAS

50 km/h

CARRETERAS INTERURBANAS

90 km/h

AUTOPISTAS

120 km/h

Llegada en avión

El **aeropuerto de Estambul** está en el lado europeo de la ciudad, a unos 40 km al noroeste del centro. El vuelo desde Madrid dura unas cuatro horas y desde Barcelona unas tres horas y media. **HAVAIST** organiza traslados en autobús a docenas de destinos, incluido Taksim (para Beyoğlu y Gálata) y el metro Aksaray para el casco antiguo. El trayecto dura unos 45 minutos, dependiendo del tráfico.

El aeropuerto de Estambul está conectado con el centro mediante el M11. Se tarda alrededor de 30 minutos desde el aeropuerto hasta Gayrettepe. El **aeropuerto de Sabiha Gokcen,** más pequeño, recibe sobre todo vuelos de aerolíneas de bajo coste y vuelos nacionales. Está en el lado asiático de Estambul, a unos 50 km del centro.

Los autobuses de **Havabüs** salen hacia la plaza Taksim y Kadiköy cada 30 min de 06.30 a 00.30, y el trayecto dura al menos una hora. El taxi cuesta en torno a 100 ₺.

Havabüs
 havabus.com
HAVAIST
hava.ist
Aeropuerto de Estambul
istairport.com
Aeropuerto de Sabiha Gökçen
sabihagokcen.aero/anasayfa

Llegada en autobús

Algunas compañías de autobuses turcas viajan a Estambul desde ciudades europeas como Berlín, Praga, Viena y Sofía. La mayoría de autobuses internacionales llegan a la estación de **Esenler,** a 10 km al noroeste del centro. A Esenler también llegan muchas líneas nacionales, aunque algunas paran en **Harem,** en la orilla asiática. Hay compañías que ofrecen autobuses gratuitos al centro, adonde se puede llegar también en la línea de metro M1.

Llegada en tren

Estambul está conectado con Europa mediante el tren. Las principales rutas desde España atraviesan Francia,

Alemania o Suiza, Hungría y Rumanía. Los trenes llegan a Halkalı, a unos 25 km del centro de Estambul. Para llegar al centro desde aquí, hay que tomar el Marmaray hasta la parada de Sirkeci. Para llegar a Beyoğlu/Karaköy, se baja en Yenikapı y se toma la línea de metro M2.

Metro y tranvía

Para moverse por la ciudad de forma fácil y barata, lo mejor es combinar metro y tranvía. Ambas redes están gestionadas por **Metro İstanbul** y funcionan de 6.00 a 24.00. La M1 une la terminal de ferri de Yenikapi con la estación de autobuses de Esenler, y la M2 comunica el casco antiguo con Gálata, Beyoğlu y Taksim. Hacia el oeste la línea Marmaray va de Sirkeci a Kazlıçesme, y hacia el este pasa bajo el estrecho del Bósforo hasta Üsküdar, en Asia.

La línea de tranvía más interesante para los turistas es la T1 entre Bağcılar y Kabataş, que une el casco antiguo con Gálata y Beyoğlu. La T1 enlaza con el metro en Karaköy (para el funicular de Tünel) y Kabataş (para el funicular de la plaza Taksim y la terminal de ferris a las islas de los Príncipes).

Metro İstanbul
🅦 metro.istanbul

Autobús

Los **autobuses municipales** suelen ir llenos y atascarse por el tráfico. Sin embargo, a veces son el único transporte público disponible, por ejemplo para subir por las orillas del Bósforo.

Autobuses municipales
🅦 iett.istanbul

Ferris

Del muelle de Eminönü zarpan barcos hacia los barrios asiáticos de Üsküdar y Kadıkoy, además de los cruceros por el Bósforo (p. 42). De Karaköy también salen ferris hacia Asia y hacia el Cuerno de Oro. Los barcos que van a las islas de los Príncipes parten de Beşiktaş y Kadıkoy, y además zarpan de la nueva terminal de Kabataş, en el extremo norte de la línea de tranvía T1. Los ferris a las islas de los Príncipes los gestiona **City Lines** (Şehir Hatları) y salen desde Beşiktaş, Kadıköy y Kabataş. Los autobuses marítimos de **Istanbul Sea Buses** (IDO) atraviesan el mar de Mármara desde Istanbul Yenikapı hasta Bursa.

City Lines
🅦 sehirhatlari.istanbul
Istanbul Sea Buses
🅦 ido.com.tr

Billetes

Para usar el transporte público, es recomendable adquirir la **İstanbulkart,** una tarjeta que se recarga en quioscos y máquinas expendedoras. Al entrar en el transporte, hay que acercar la tarjeta al lector.

İstanbulkart
🅦 istanbulkart.istanbul

Taxis

Los taxis con licencia *(taksi)* son amarillos y llevan una señal luminosa encendida cuando están libres. Antes de empezar el trayecto, se debe comprobar que el taxímetro está encendido o, mejor aún, acordar una tarifa con el taxista. Hay taxistas que toman la ruta larga para cobrar de más o que no llegan hasta el destino indicado para evitar el tráfico. Algunos no realizan trayectos cortos porque suelen prolongarse por los atascos.

Dolmuş

Los *dolmuş* son minibuses económicos pero lentos. Sus rutas son fijas, pero sin horario establecido. Sin embargo, se pueden detener en cualquier punto con solo gritar *Inicek var* ("alguien quiere bajarse"). Las paradas tienen un cartel azul con una D negra sobre fondo blanco. Alrededor de la plaza Taksim paran varios *dolmuş* útiles. Solo salen cuando se llenan.

A pie

Recorrer la ciudad a pie es una buena opción, sobre todo la zona rodeada por la muralla de Teodosio. Por desgracia, las calles no suelen tener nombre y es fácil perderse. Es habitual encontrar aceras irregulares, así que conviene llevar zapatos cómodos. Los coches solo paran en los cruces con semáforo.

INFORMACIÓN PRÁCTICA

Conocer la información local ayuda a moverse con facilidad por Estambul. Aquí están todos los consejos e información esencial que pueden resultar necesarios durante la estancia.

DE UN VISTAZO

MONEDA
Lira turca

GASTO MEDIO DIARIO

BAJO	MEDIO	ALTO
1750 ₺	4250 ₺	7500 ₺+

AGUA MINERAL	CAFÉ	CERVEZA	CENA PARADOS
20 ₺	115 ₺	150 ₺	1500 ₺

FRASES ÚTILES

Hola	Merhaba
Adiós	Hoşça kalın
Por favor	Lütfen
Gracias	Teşekkür ederim
¿Habla español?	İspanyolca bilmiyorsun?
No comprendo	Anlamıyorum

ENCHUFES
Los enchufes son del tipo C y F, con dos clavijas redondas. La corriente eléctrica es de 220 voltios.

Documentación
Los ciudadanos españoles pueden entrar en Turquía con un DNI o un pasaporte con al menos una página libre, en ambos casos con una validez mínima de 6 meses a partir de la fecha de entrada en el país. Estos documentos se tienen que encontrar en buenas condiciones de conservación. Los ciudadanos españoles están exentos de visado para viajar a Turquía si la estancia no supera los 90 días en un período de 180. Es necesaria la obtención de un visado para poder entrar al país si la estancia es superior a 90 días. La tramitación se puede realizar en la **Embajada de Turquía en Madrid** o en el **Consulado General de Turquía en Barcelona,** o en el sitio web de **eVisa.** Las tasas del visado electrónico son menores. Toda la información sobre visados y tasas se encuentra en el sitio web del **Ministerio de Asuntos Exteriores turco.**
eVisa
🆆 evisa.gov.tr
Ministerio de Asuntos Exteriores turco
🆆 mfa.gov.tr
Consulado General de Turquía en Barcelona
🆆 barcelona-bk.mfa.gov.tr/Mission
Embajada de Turquía en Madrid
🆆 madrid-emb.mfa.gov.tr/Mission/Contact

Consejos oficiales
Es importante consultar los avisos tanto del Gobierno turco como del español antes de viajar. En la página web del **Ministerio de Asuntos Exteriores español** y en la del **Ministerio de Asuntos Exteriores turco** se puede encontrar información actualizada sobre seguridad, salud y regulaciones locales.
Ministerio de Asuntos Exteriores español
🆆 exteriores.gob.es
Ministerio de Asuntos Exteriores turco
🆆 mfa.gov.tr

Información de aduanas
El **Ministerio de Comercio turco** ofrece información sobre las leyes relativas a

mercancías y divisas para poder entrar o salir de Turquía.

Ministerio de Comercio Turco

🅦 trade.gov.tr

Seguro de viaje

Es recomendable hacerse un seguro amplio que incluya pérdidas, robos, retrasos y cancelaciones, y conviene leer la letra pequeña.

Turquía no cuenta con ningún acuerdo sanitario recíproco con otros países, por lo que es importante contar con una amplia cobertura médica, que incluya la repatriación en avión. Si se adquiere un seguro para Europa, hay que comprobar que incluye la parte asiática de Estambul.

Vacunas

No se precisa ninguna vacuna, pero conviene consultar con el médico si es preciso ponerse la vacuna de la hepatitis A o B.

Dinero

La mayoría de establecimientos aceptan tarjetas de crédito y débito, como Visa y MasterCard, y *contactless*. Algunas atracciones, visitas y tiendas aceptan euros, pero el cambio es en liras.

Conviene llevar siempre billetes pequeños y monedas para las compras menores.

Los numerosos cajeros automáticos aceptan tarjetas Visa, Mastercard y Maestro con número PIN y proporcionan adelantos de dinero sobre tarjetas de crédito.

Para cambiar dinero lo mejor es ir a una oficina de cambio (*döviz*). La mayoría de las tiendas turísticas acepta tarjetas.

Viajeros con necesidades específicas

Estambul todavía tiene mucho camino por recorrer en cuanto a accesibilidad. Incluso en los monumentos más importantes es difícil encontrar disposiciones para los viajeros con necesidades visuales o auditivas. Recorrer la ciudad en silla de ruedas resulta complicado debido a las empinadas cuestas, los bordillos altos y las calles empedradas. Sin embargo, la situación ha mejorado en los últimos años. El metro y el tranvía son accesibles para las sillas de ruedas,

muchos de los principales destinos turísticos, como Santa Sofía y la mezquita Azul, son parcialmente accesibles, y muchos hoteles disponen de una o varias habitaciones adaptadas en la mayoría de las plantas. **Mobility Turkey** ofrece paquetes vacacionales y excursiones accesibles.

Mobility Turkey

🅦 mobilityturkey.com

Idioma

El idioma oficial de Turquía es el turco. En las zonas turísticas siempre se encuentran personas que hablan inglés. El turco se escribe con caracteres latinos, pero presenta ciertas peculiaridades en la pronunciación (*p. 124*).

Horarios

Los bancos abren de 9.00 a 17.00 de lunes a viernes, con un descanso de una hora para comer (algunas sucursales también los sábados por la mañana). Las oficinas de correos funcionan de 8.30 a 17.00 de lunes a viernes. Las tiendas abren de 10.00 a 18.00 de lunes a sábado. Los centros comerciales abren de 10.00 a 22.00.

El horario de los museos y monumentos varía, pero suele ser de 9.00 a 17.00. De abril a octubre, la mayoría de museos y destinos importantes, como Santa Sofía y el palacio Topkapı, amplían su horario una o dos horas.

Hay siete días festivos estatales (*p. 63*): 1 de enero, Año Nuevo; 23 de abril, Día de la Soberanía Nacional y del Niño; 1 de mayo, Día de los Trabajadores; 19 de mayo, Día de la Juventud y el Deporte; 15 de mayo, Día de la Democracia y la Unidad Nacional; 30 de agosto, Día de la Victoria; y 20 de octubre, Día de la República.

También se celebran dos fiestas religiosas importantes: Şeker Bayramı y Kurban Bayramı (*p. 63*). Muchos sitios cierran total o parcialmente.

Las circunstancias pueden cambiar repentinamente. Antes de visitar museos, monumentos u otros lugares de interés, consulte los horarios actualizados y las formalidades de reserva.

Seguridad personal

La violencia contra los turistas es muy rara en Estambul. Sin embargo, la seguridad en Turquía es volátil, así que hay que estar atento a las noticias locales. Se debe estar dispuesto a someterse a controles de seguridad y a que registren el equipaje en las entradas de estaciones y de centros comerciales.

Los visitantes deben evitar las protestas, que suelen localizarse alrededor de la plaza Taksim y en el muelle de ferri de Kadiköy, porque se producen choques entre policía y manifestantes.

Como en otras ciudades, se deben tomar precaucaciones y denunciar las pérdidas, robos u otros problemas a la **policía turística.**

Las mujeres viajeras son ocasionalmente sometidas al acoso verbal y a la atención no deseada. Deben evitar caminar sin compañía por zonas aisladas durante la noche. Ante cualquier amenaza, hay que dirigirse a la comisaría más cercana.

La homosexualidad no es ilegal en Turquía, pero está mal vista por el Islam. Los matrimonios del mismo sexo, las uniones civiles y las parejas de hecho aquí no se reconocen. A pesar de la hostilidad y represión, el colectivo LGTBIQ+ está presente en Estambul. Se puede encontrar más información en **Gays of Turkey** y **Lambda.**

Lambda
W lambdaistanbul.org
SPoD
W spod.org.tr
Policía turística
W istanbul.pol.tr

DE UN VISTAZO

NÚMEROS DE EMERGENCIAS

POLICÍA
155

BOMBEROS
110

AMBULANCIA
112

ZONA HORARIA
La hora de Turquía (TRT) va tres horas por delante de la GMT.

AGUA DEL GRIFO
El agua del grifo está tratada, pero es mejor usarla únicamente para ducharse y lavarse los dientes. Para beber, mejor agua embotellada.

PÁGINAS WEB Y *APPS*

Visit Istanbul
La página web de turismo de la ciudad (visit.istanbul) recoge las últimas exposiciones y actos.

İETT
Información sobre todo tipo de transporte público en la página web de la autoridad oficial de transporte *(iett. istanbul/en)*.

Yemeksepeti
App para buscar restaurantes cercanos y pedir comida.

Salud

Turquía tiene un muy buen sistema sanitario y mucha gente viaja hasta aquí para someterse a procedimientos médicos. Todos los visitantes deberán pagar el tratamiento que reciban, por lo que un seguro a todo riesgo es muy recomendable. Hay que tener cuidado con los perros y gatos callejeros, ya que pueden transmitir la rabia. Los mosquitos resultan muy molestos en verano, así que conviene llevar repelente. Las personas con tendencia a las molestias estomacales deben evitar las ensaladas y el marisco de los puestos ambulantes.

Hay muchas farmacias *(eczane)* por la ciudad. Las farmacias de guardia *(nobetçi)* abren toda la noche. Entre los mejores hospitales está **Amerikan Hastanesi.**

Amerikan Hastanesi
w amerikanhastanesi.org

Tabaco, alcohol y drogas

Está prohibido fumar en bares, restaurantes, discotecas y cafés, y no hay zonas designadas para fumadores en el interior. También está prohibido fumar en el transporte público.

La edad legal para consumir alcohol es de 18 años. El límite legal en sangre es del 0,5 %; quienes lo superen serán multados y podrán perder el permiso de conducir. Las penas por posesión, consumo y tráfico de drogas son severas; pueden imponerse multas elevadas y penas de prisión.

Carné de identidad

Es obligatorio llevar algún tipo de documento de identidad en todo momento y los peatones podrán ser parados en controles aleatorios. También hay controles policiales en muchas carreteras principales. Siempre hay que colaborar con los agentes que realizan estos controles.

Turismo responsable

Para reducir las emisiones, es preferible recorrer la ciudad a pie o usando los metrobuses híbridos de Estambul a utilizar taxi. Siempre que sea posible, conviene comprar en sitios como **Potlac Dukkan**, en Kadiköy, una tienda gestionada por voluntarios que vende artesanía, ropa y joyas hechas a mano.

Potlac Dukkan
w potlac.com.tr

Costumbres

El 99 % de los turcos son musulmanes, pero el grado en que practican su religión varía. El país se ha vuelto más conservador en los últimos años. Nunca se hacen bromas sobre el Islam y las parejas deben tener cuidado con las muestras de afecto en público. En las mezquitas no se aceptan los pantalones cortos ni los hombros descubiertos; a las mujeres se les puede pedir que se cubran la cabeza con un pañuelo.

No se bromea ni se critica a Turquía, a su padre fundador, Atatürk, ni a la bandera del país, ya que la mayoría de los turcos son muy nacionalistas y se ofenderán. Hacer pintadas en un billete (siempre adornado con la imagen de Atatürk) o la bandera es un delito.

Teléfonos móviles y wifi

La red de telefonía móvil de Turquía es compatible con la mayoría de móviles europeos. Para evitar recargos, se puede comprar una tarjeta SIM de prepago. Las cabinas telefónicas que quedan aceptan tarjetas de crédito o telefónicas (a la venta en oficinas de correos). Las llamadas desde los hoteles suelen ser caras.

El prefijo internacional de Turquía es el 90. Estambul tiene 2 prefijos: 0212 para la orilla europea y 0216 para la orilla asiática. Para llamar al extranjero desde Estambul hay que marcar 00, el prefijo nacional (34 para España) y el número del abonado.

Casi todos los hoteles de Estambul ofrecen wifi gratuito, aunque algunas cadenas internacionales cobran por el servicio. Muchos cafés tienen wifi gratis.

TravelSim
w travelsim.com

Correos

Las oficinas de correos y buzones se identifican con el logotipo amarillo y azul de **PTT.** Los sellos se venden en las oficinas de correos y quioscos de PTT.

PTT
w ptt.gov.tr

Impuestos y devoluciones

El IVA (KDV en turco) está incluido en los artículos con precio fijo y suele ser del 20 %. Los precios pueden ascender si se solicita una factura con IVA. Para reclamar el IVA al abandonar el país, hay que comprar en tiendas con el distintivo de *tax free* y solicitar un Global Refund Cheque para tramitar la devolución (en metálico) en el aeropuerto. Puede que haya que mostrar los artículos adquiridos, así que conviene llevarlos a mano.

DÓNDE ALOJARSE

Sultanahmet y alrededores es el corazón turístico de Estambul, y las opciones de alojamiento van desde albergues baratos y animados a hoteles *boutique* en mansiones de la era otomana. Al otro lado del Cuerno de Oro, Gálata y Beyoğlu son ideales para quienes disfruten visitando tiendas y galerías. En esta zona hay apartamentos y propiedades de época frente al Bósforo. La mayoría de los sitios cobran en euros. Los precios suelen ser más baratos en temporada baja (de noviembre a principios de marzo, salvo Navidad y Año Nuevo).

PRECIOS

Por habitación doble (con desayuno, si está incluido), impuestos y otros cargos.

€ menos de 100 €
€€ 100-350 €
€€€ más de 350 €

Sultanahmet y el casco antiguo

AJWA Sultanahmet

N5 ⌂ Piyer Loti Cad 30 ⓦ ajwa.com.tr/sultanahmet/mainpage.aspx · €€€

Este precioso hotel de cinco estrellas es un ejemplo de la opulencia turca. Posee mobiliario con madreperla, alfombras de seda de Tabriz, obras de arte, techos pintados con frescos y revestimientos de mármol. Cuenta también con hamam y piscina interior. El desayuno se puede tomar en cualquier momento del día, tiene carta de almohadas y traslado gratuito en autobús al casco antiguo. No se sirve alcohol.

Four Seasons Sultanahmet

G6 ⌂ Tevhifhane Soh 1 ⓦ fourseasons.com/istanbul · €€€

A tiro de piedra de Santa Sofía, esta antigua prisión de la era otomana es una belleza arquitectónica en tonos miel. Se puede tomar el sol en el patio, darse un baño en su hamam, probar los dulces de su pastelería y disfrutar de una copa con vistas en la azotea.

Hotel Miniature

Q4 ⌂ Molla Fenari Soh 22 ⓦ hotelminiature istanbul.com · €

A tres minutos a pie del Gran Bazar, esta mansión de 1875 fue previamente una comisaría, un colegio y la redacción de un periódico. En la actualidad, sus diez habitaciones cuentan con techos altos, ladrillo visto y ropa de cama almidonada. Merece la pena probar su restaurante, aunque solo sea por ver su suelo de mosaicos, de 140 años de antigüedad.

Cheers Hostel

R4 ⌂ Sultan Cami Soh 15 ⓦ cheershostel.com · €

Ubicado muy cerca de Santa Sofía, Cheers es toda una institución. Cuenta con un animado salón compartido y dormitorios para 6, 8 o 10 personas, además de habitaciones dobles, triples y familiares con baño. Se organizan barbacoas los viernes y recorridos por *pubs* que empiezan en la terraza de la azotea.

Hotel Turkish House

G6 ⌂ Ahbıyık Değirmeni Soh 40 ⓦ hotelturkish house.com/en · €

Esta casa tradicional turca, situada al sur de la mezquita Azul, está construida con madera del siglo XVIII y ventanas tipo mirador. Cuenta con diez habitaciones decoradas con mobiliario de época y motivos otomanos. Vale la pena pagar un poco más para tener una *suite* con más espacio. Tras un pasillo de cristal se ven las antiguas ruinas bizantinas.

Barrio del Bazar y Eminönü

Regie Ottoman

Q2 ⌂ Mimar Vedat Soh 5 ⓦ regieottoman.com · €€

Este hotel lleva el nombre del cuerpo armado que recaudaba impuestos en la era otomana. La mansión tiene 34 habitaciones de lujo, algunas con opción a bañera, y un romántico restaurante con estrella Michelin desde 2023. También ofrece sauna y gimnasio.

Mest Hotel

P2 ⌂ Çiçek Pazarı Sok 22 **w** mesthotel.com · €€

Elegante hotel de diseño a escasa distancia de la mezquita Yeni Camii. Se construyó con ladrillos de magnesita traídos de toda Europa en el siglo XIX. Estos ladrillos vistos forman la estructura de los diseños de las habitaciones superiores, algunas de las cuales tienen bañeras con patas y otras un elegante altillo.

Fer Hotel

P4 ⌂ Türbedar Sok 12 **w** ferhotel.com · €€

Fer significa 'resplandor' en el dialecto de esta zona de Estambul, y el diseño, que explora el reflejo de la luz usando superficies brillantes, mosaicos y agua, fue premiado. Este hotel atrae a muchos viajeros de negocios gracias a sus habitaciones elegantes y algo masculinas y a su gimnasio. El desayuno *gourmet* bufé se sirve en el restaurante RoofFer.

El Cuerno de Oro, Fatih y Fener

Hotel Sultania

P4 ⌂ Mehmet Murat Sok 4 **w** hotelsultania. com · €€

Las habitaciones del Sultania, en estilo *kitsch* y cada una con el nombre de una esposa del sultán, están

diseñadas para que el huésped se sienta como un miembro de la familia real otomana. Ofrece también un *spa* sencillo donde dan masajes. El restaurante en la planta baja es ideal para beber o picar algo.

Orientbank Hotel

P2 ⌂ Fındıkçı Remzi Sok 7 **w** orientbankhotel.com · €€

Hotel de la cadena Autograph Collection que defiende el lema "Donde Oriente se encuentra con la ostentación". La aparatosidad de este lugar hace odiarlo o amarlo. Cuenta con un servicio por WhatsApp en el que se puede solicitar lo que sea (reservas para restaurantes, consejos turísticos) en cualquier momento del día o de la noche. El JazzBar del hotel tiene una buena carta de cócteles.

Beyoğlu

Georges

F2 ⌂ Serdar-ı Ekrem Sok 24 **w** georges.com · €€€

Este glamuroso hotel francés de cinco estrellas hace sentir a partes iguales en casa, gracias a su gato Lollipop y sus apenas 20 habitaciones y *suites*, y en medio del lujo, por sus baños de mármol y mobiliario de caoba. También dispone de caprichos como masajes en la habitación. Le Fumoir, su restaurante francés en la azotea,

tiene vistas de las islas de los Príncipes.

Ecole St Pierre

F3 ⌂ Galata Kulesi Sok 20 **w** estphotel.com · €€

A escasa distancia andando de la torre Gálata, este hotel era un antiguo colegio francés católico situado en los terrenos de un monasterio italiano. Las habitaciones son una mezcla de estilos moderno y parisino. Su patio alberga un fragmento de las murallas originales de la ciudad de Gálata, construidas en el siglo XIII, y un restaurante italiano de primera. Un verdadero oasis de calma en medio de la ciudad.

Pera Palace

F2 ⌂ Mesrutiyet Cad 52 **w** perapalace.com/en · €€

El modernista Pera Palace es un icono más que un hotel. Construido inicialmente para recibir a los viajeros del *Orient Express* que venían desde Londres, fue el primer hotel en el Estambul otomano que tuvo electricidad y un ascensor eléctrico. Entre sus huéspedes figuran Zsa Zsa Gabor y Ernest Hemingway. Agatha Christie, según cuentan, escribió *Asesinato en el Orient Express* en la habitación 411, mientras que la 101 es un museo en memoria de Mustaffa Kemal Atatürk, padre de la República turca que solía hospedarse aquí.

DeCamondo Galata

F3 **Felek Soh 2** **decamondo.com.tr/en/ decamondo-galata-a- tribute-portfolio-hotel · €€**

En DeCamondo hay dos opciones: Banque, en Bankalar Caddesi, y House, doblando la esquina en Felek Sok. House destaca por la mezcla de decoración moderna y antigua y por su restaurante en la azotea, que está especializado en carnes cocinadas al carbón.

World House Boutique Hotel

F2 **Galip Dede Cad 85** **worldhousebh.com · €**

Este hotel *boutique* ubicado en un edificio de 130 años supera con creces las expectativas. Ofrece habitaciones de diseño con paredes de ladrillo visto y suelos de madera, además de una cafetería y terraza en la azotea con vistas de cerca de la torre Gálata.

PeraNox Boutique Hotel

F2 **Tranvía Soh 5** **peranox-boutique- hotel.hotel-istanbul.net · €**

Hotel *boutique* económico situado en una casa con mucho carácter. Cuenta con un puñado de habitaciones dobles estándar y de lujo con techos de ladrillo visto, paredes con paneles blancos y cuartos de baño pequeños pero elegantes revestidos de baldosas blancas.

The Bank Hotel Istanbul

F3 **Banhalar Cad 5** **thebankhotelistanbul. com/en · €€€**

Este sofisticado hotel neorrenacentista data de 1867. Las modernas habitaciones, en tonos marrón y crema, son ideales, pero espera a probar el bar del vestíbulo o el elegante restaurante Serica, con un menú único "de la tierra al plato". Hay también un *spa* y un hamam precioso en mármol blanco.

Hostel Le Banc

F2 **Şah Değirmeni Soh 7** **hostellebanc.com · €**

Situado encima del Café Le Banc, que sirve un café realmente bueno, este albergue, que promueve la sostenibilidad, tiene un dormitorio mixto de 10 camas, un dormitorio familiar de 4 camas y una habitación doble privada, todo en colores vivos. Establecimiento sin complicaciones y con una excelente ubicación.

Room Mate Emir

G1 **Sadri Alışık Soh 33** **room-matehotels.com/ en/emir · €€**

A un paso de İstiklal Caddesi, la calle comercial por excelencia, está este pequeño hotel de diseño de cuatro estrellas que ofrece una buena relación calidad-precio. El edificio posee el enfoque lúdico del interiorista catalán Lázaro Rosa-Violán. Su vestíbulo tiene tonos rosados y brillantes, las habitaciones son espaciosas (las que tienen terraza son más caras) y hay una sauna.

El Bósforo

Hotel Peninsula

G3 **Kemanheş Cad 34** **peninsula.com/en/ istanbul/5-star-luxury- hotel-bosphorus · €€€**

Esta propiedad ribereña tiene 117 habitaciones y derrocha serenidad. Está compuesta por cuatro edificios, tres de ellos históricos. Hay una piscina exterior con impresionantes vistas del río, un *spa* y un centro de bienestar. Cuenta también con un restaurante de primera categoría, Gallata, que está en la azotea y tiene un menú inspirado en la Ruta de la Seda. Lo mejor es que hotel creó 650 puestos de trabajo para la zona y obtuvo el máximo nivel de certificación BREEAM por su sostenibilidad.

Ciragan Palace Kempinski

U3 **Ciragan Cad 32** **hempinshi.com/en/ ciragan-palace · €€€**

Este hotel de lujo es un antiguo palacio imperial otomano a orillas del Bósforo. Se trata de una maravilla arquitectónica que destaca por el imponente arco de la puerta del río y el uso de incrustaciones de nácar y telas imperiales azules y granates en sus suntuosas habitaciones y *suites* neoclásicas. Vale la pena ponerse el traje de baño más elegante para hacerse fotos en la piscina infinita y dejarse mimar en el Sanitas Spa.

The Stay Bosphorus

V U3 **A** Ortahoy Salhanesi Soh 1 **W** the stay.com.tr/the-stay bosphorus-hotel.aspx · €€

Esta mansión familiar otomana de aire majestuoso está decorada con románticos terciopelos y cortinas de gasa. Para sacar el máximo provecho al desembolso, conviene reservar la *suite deluxe* Bósforo, cuyo balcón goza de las mismas vistas de la mezquita de Ortaköy y el puente del Bósforo que las *suites* Penthouse, que son bastante más caras.

Gezi Hotel Bosphorus

V H1 **A** Mete Cad 34 **W** gezibosphorus.com · €€

Gezi, un inmueble casi sin emisiones, ha obtenido la certificación que lo acredita como hotel ecológico. Ofrece habitaciones minimalistas, entre las que destaca el *loft*, con *jacuzzi* junto a la cama y vistas al parque Gezi. Hay un *spa*, un bar y el Delma Grill Bar, que sirve comida mediterránea a base de productos de cercanía.

VAKKO Hotel & Residence Sumahan

V U3 **A** Kuleli Cad 43 **W** vakkohotel.com · €€€

Los propietarios de Sumahan on Water vendieron su concepto a la marca de moda y estilo de vida VAKKO, y de ahí

surgió este moderno hotel de cinco estrellas. Las *suites* incluyen un kit de ejercicios, un botellero, una cafetera y un mayordomo. También hay un gimnasio, un elegante *spa* que ofrece tratamientos ayurvédicos y un restaurante francés.

Witt Istanbul Hotel

V G2 **A** Defterdar Yhş 26 **W** wittistanbul.com · €€

Las 18 habitaciones retromodernas estilo *loft* son una delicia del diseño, con suelos de madera, sábanas de lino Denizli y baños de mármol. Los deliciosos desayunos son también ecológicos. Merece la pena pagar más por uno de los *lofts* que tiene una terraza panorámica; si no se puede, siempre queda la terraza de la azotea, con una impresionante vista sobre el Bósforo.

Estambul asiático e islas de los Príncipes

Princes' Palace Resort

V V6 **A** Çanhaya Cad 58 **W** princespalace.com · €€€

Merece la pena pagar el precio de este tranquilo hotel situado en la costa occidental de la isla de Büyükada, donde el revolucionario marxista Leon Trotsky pasó años exiliado y escribió la *Historia de la Revolución rusa*. Apartado del bullicio del casco antiguo, se ubica en una finca con su propio club de playa (con piscinas infinitas de agua marina y hamam). El *spa* está

catalogado como uno de los mejores de la ciudad.

Splendid Palais Hotel

V V6 **A** Yirmiüç Nisan Cad 39 **W** splendidhotel.net · €€

Descrito por el New York Times como «un hotel con sabor a tarta nupcial *art nouveau*», este monumento protegido cuenta con 60 opulentas habitaciones y nueve *suites*. Se encuentra en el extremo norte de la isla de Büyükada, por la que no circulan coches, y con vistas a la parte asiática de la ciudad.

Anastasia Meziki Otel

V V6 **A** Malul Gazi Cad 24 **W** mezikihotel.com · €

Esta opción familiar, una de las mansiones más antiguas de Büyükada, cuenta con preciosas habitaciones antiguas con toques de rosa, verde y azul, además de un restaurante con terraza. La consola del vestíbulo principal de la primera planta y la cama de latón de la habitación situada a la derecha de la entrada pertenecieron a la familia Karayan, que vivió aquí hasta 1989.

Frezya

V W2 **A** Eşrefsaat Sohağı 1 **W** frezyahotel.com · €

Este hotel solo para mujeres es ideal para aquellas a las que inquieta viajar en solitario. Cuenta con habitaciones modernas con medidas de seguridad para despreocuparse. Las habitaciones están limpias y tienen escritorio, wifi con buena velocidad y un minifrigorífico.

ÍNDICE

Los números en **negrita** hacen referencia a las entradas principales.

FRASES ÚTILES

Pronunciación
El turco utiliza un alfabeto latino de 29 letras (8 vocales y 21 consonantes). La "c" se pronuncia como "j"; la "ç" como "ch"; la "ğ" es muda, pero alarga la vocal precedente; la "ı" tiende a "u"; la "ö" se pronuncia poniendo la boca como para decir una "o", pero diciendo una "u"; la "ş" tiene un sonido sibilante; y para la "ü" se pone la boca para decir una "u", pero se pronuncia una "i".

En caso de emergencia

¡Ayuda!	İmdat!	eem-dat
¡Llamen a un médico!	Bir doktor çağrın!	beer dok-tor chah-ruhn
¡Llamen a una ambulancia!	Bir ambulans çağrın!	beer am-boo-lans chah-ruhn
¡Llamen a la policía!	Polis çağrın!	po-lees chah-ruhn
¡Fuego!	Yangın!	yan-guhn
¿Dónde está el teléfono/hospital más cercano?	En yakın telefon/ hastane nerede?	en ya-kuhn teh-leh-fon/has-ta-neh neh-reh-deh

Vocabulario básico

Sí	Evet	eh-vet
No	Hayır	h-'eye'-uhr
Gracias	Teşekkür ederim	teh-shek-kewr eh-deh-reem
Por favor	Lütfen	lewt-fen
Disculpe	Affedersiniz	af-feh-dersee-neez
Hola	Merhaba	mer-ha-ba
Adiós	Hoşça kalın	hosh-cha ka-luhn
Mañana	Sabah	sa-bah
Tarde	Öğleden sonra	ur-leh-den son-ra
Noche	Akşam	ak-sham
Ayer	Dün	dewn
Hoy	Bugün	boo-gewn
Mañana	Yarın	ya-ruhn
Aquí	Burada	boo-ra-da
Allí	şurada	shoo-ra-da
¿Qué?	Ne?	neh
¿Cuándo?	Ne zaman?	neh za-man
¿Dónde?	Nerede?	neh-reh-deh

Expresiones útiles

Encantado de conocerle	Memnun oldum	mem-noon ol-doom
¿Dónde está…?	Nerede?	neh-reh-deh
¿A qué distancia está…?	Ne kadar uzakta?	neh ka-dar oo-zak-ta
¿Habla inglés?	İngilizce biliyor musunuz?	een-gee-leez-jeh bee-lee-yor moo-soo-nooz
No le entiendo	Anlamıyorum	an-la-muhyo-room
¿Puede ayudarme?	Bana yardım edebilir misiniz?	ba-na yar-duhm eh-deh-bee-leer mee-see-neez
No quiero…	istemiyorum	ees-teh-meeyoroom

Palabras útiles

grande	büyük	bew-yewk
pequeño	küçük	kew-chewk
caliente	sıcak	suh-jak
frío	soğuk	soh-ook
bueno	iyi	ee-yee
malo	kötü	kur-tew
abierto	açık	a-chuhk
cerrado	kapalı	ka-pa-luh
izquierda	sol	sol
derecha	sağ	saa
cerca	yakın	ya-kuhn
lejos	uzak	oo-zak
arriba	yukarı	yoo-ka-ruh
abajo	aşağı	a-shah-uh
pronto	erken	er-ken
tarde	geç	gech
aseos	tuvaletler	too-va-let-ler

Compras

¿Cuánto cuesta esto?	Bu kaç lira?	boo kach lee-ra
Me gustaría…	İstiyorum	ees-tee-yo-room
¿Tiene…?	Var mı?	var muh
¿Aceptan tarjetas de crédito?	Kredi kartı kabul ediyor musunuz?	kreh-dee kar-tuh ka-bool eh-dee-yor moo-soo-nooz
¿A qué hora abren/cierran?	Saat kaçta açılıyor/ kapanıyor?	Sa-at kach-ta a-chuh-luh-yor/ ka-pa-nuh-yor
este	bunu	boo-noo
aquel	şunu	shoo-noo
caro	pahalı	pa-ha-luh
barato	ucuz	oo-jooz
talla (ropa)	beden	beh-den
número (calzado)	numara	noo-ma-ra
blanco	beyaz	bay-yaz
negro	siyah	see-yah
rojo	kırmızı	kuhr-muh-zuh
amarillo	sarı	sa-ruh
verde	yeşil	yeh-sheel
azul	mavi	ma-vee
marrón	kahverengi	kah-veh-ren-gee
tienda	dükkan	dewk-kan
Es mi última oferta	Daha fazla eremem	da-ha faz-la veh-reh-mem

Tipos de negocios

agencia de viajes	seyahat acentesi	say-ya-hat a-jen-teh-see
anticuario	antikacı	an-tee-ka-juh
banco	banka	ban-ka
farmacia	eczane	ej-za-neh
frutería	manav	ma-nav
librería	kitapçı	kee-tap-chuh
mercado/bazar	çarşı/pazar	char-shuh/pa-zar
oficina de correos	postane	pos-ta-neh
panadería	fırın	fuh-ruhn
pastelería	pastane	pas-ta-neh
sastre	terzi	ter-zee
supermercado	süpermarket	sew-per-mar-ket
tienda de artículos de cuero	derici	deh-ree-jee
zapatería	ayakkabıcı	eye-yak-kabuh-juh

Visitas turísticas

castillo	hisar	hee-sar
iglesia	kilise	kee-lee-seh
mezquita	cami	ja-mee
museo	müze	mew-zeh
palacio	saray	sar-eye
parque	park	park
plaza	meydan	may-dan
información	danışma	da-nuhsh-mah
oficina	bürosu	bew-ro-soo
baño turco	hamam	ha-mam

Transporte

Español	Turco	Pronunciación
aeropuerto	havalimanı	ha-**va**-leema-nuh
autobús	otobüs	o-to-**bewss**
autobús marítimo	deniz otobüsü	deh-**neez** o-to-**bew**-sew
billete	bilet	bee-**let**
estación	istasyon	ees-tas-**yon**
estación de autobuses	otogar	o-to-**gar**
horario	tarife	ta-ree-**feh**
minibús	dolmuş	dol-**moosh**
parada de autobús	otobüs durağı	o-to-**bewss** doo-ra-**uh**
taquilla	bilet gişesi	bee-**let** gee-sheh-**see**
tarifa	ücret	ewj-**ret**
taxi	taksi	tak-**see**
ferri	vapur	va-**poor**

En un hotel

Español	Turco	Pronunciación
¿Tienen una habitación libre?	Boş odanız var mı?	bosh o-da-**nuhz** var muh?
habitación doble	iki kişilik bir oda	ee-**kee** kee-shee-**leek** beer o-**da**
habitación con 2 camas	çift yataklı bir oda	cheeft ya-**tak**-luh beer o-**da**
para una persona	tek kişilik	tek kee-shee-**leek**
habitación con baño	banyolu bir oda	**ban**-yo-loo beer o-**da**
ducha	duş	doosh
botones	komi	ko-**mee**
llave	anahtar	a-nah-**tar**
servicio de habitaciones	oda servisi	o-da ser-vee-**see**
Tengo una reserva	Rezervasyonum var	reh-zer-vas yo-**noom** var

En un restaurante

Español	Turco	Pronunciación
Quiero reservar una mesa	Bir masa ayırtmak istiyorum	beer **ma**-sa eye-uhrt-**mak** ees-**tee**-yo-room
La cuenta, por favor	Hesap lütfen	heh-**sap** lewt-fen
Soy vegetariano	Et yemiyorum	et yeh-**mee**-yo room
restaurante	lokanta	lo-**kan**-ta
camarero	garson	gar-**son**
menú	menü	men-**oo**
carta de vinos	şarap listesi	sha-**rap** lees-teh-see
desayuno	kahvaltı	kah-val-**tuh**
almuerzo	öğle yemeği	ur-**leh** yeh-meh-**ee**
cena	akşam yemeği	ak-**sham** yeh-meh-**ee**
entrante	meze	meh-**zeh**
plato principal	ana yemek	a-na yeh-**mek**
postre	tatlı	tat-**luh**
poco hecho	az pişmiş	**az** peesh-meesh
bien hecho	iyi pişmiş	ee-**yee** peesh-meesh
vaso	bardak	bar-**dak**
botella	şişe	shee-**sheh**
cuchillo	bıçak	buh-**chak**
tenedor	çatal	cha-**tal**
cuchara	kaşık	ka-**shuhk**

La carta

Español	Turco	Pronunciación
balık	ba-**luhk**	pescado
bira	bee-**ra**	cerveza
bonfile	bon-fee-leh	filete
buz	booz	hielo
çay	ch-**eye**	té
çorba	chor-**ba**	sopa
dana eti	da-na eh-**tee**	ternera
dondurma	don-door-ma	helado
ekmek	ek-**mek**	pan
et	et	carne
fırında	fuh-ruhn-**da**	asado
fıstık	fuhs-**tuhk**	pistacho
gazoz	ga-**zoz**	refresco
hurma	hoor-ma	dátil
içki	eech-**kee**	alcohol
incir	een-**jeer**	higo
ızgara	uhz-**ga**-ra	a la brasa
kahve	kah-**veh**	café
kara biber	ka-ra bee-**ber**	pimienta negra
karışık	ka-ruh-**shuhk**	combinado
kaymak	k-'eye'-**mak**	nata para montar
kıyma	kuhy-**ma**	carne picada
köfte	kurf-**teh**	albóndiga
kuzu eti	koo-**zoo** eh-**tee**	cordero
lokum	lo-**koom**	delicia turca
maden suyu	ma-**den** soo-**yoo**	agua mineral (con gas)
meyve suyu	may-veh soo-**yoo**	zumo de fruta
midye	**meed**-yeh	mejillón
patlıcan	pat-luh-**jan**	berenjena
peynir	pay-**neer**	queso
pilav	pee-**lav**	arroz
piliç	pee-**leech**	pollo asado
şarap	sha-**rap**	vino
şeker	sheh-**ker**	azúcar
su	soo	agua
süt	sewt	leche
tavuk	ta-**vook**	pollo
tereyağı	teh-**reh**-yah-uh	mantequilla
tuz	tooz	sal
yoğurt	yoh-**urt**	yogur
yumurta	yoo-moor-**ta**	huevo
zeytinyağı	zay-**teen**-yah-uh	aceite de oliva

Números

Número	Turco	Pronunciación
0	sıfır	**suh**-fuhr
1	bir	beer
2	iki	ee-**kee**
3	üç	ewch
4	dört	durt
5	beş	besh
6	altı	al-**tuh**
7	yedi	yeh-**dee**
8	sekiz	seh-**keez**
9	dokuz	doh-**kooz**
10	on	on
11	on bir	on **beer**
12	on iki	on ee-**kee**
13	on üç	on **ewch**
14	on dört	on **durt**
15	on beş	on **besh**
16	on altı	on al-**tuh**
17	on yedi	on yeh-**dee**
18	on sekiz	on seh-**keez**
19	on dokuz	on doh-**kooz**
20	yirmi	yeer-**mee**
21	yirmi bir	yeer mee **beer**
30	otuz	o-**tooz**
40	kırk	kuhrk
50	elli	eh-**lee**
60	altmış	alt-**muhsh**
70	yetmiş	yet-**meesh**
80	seksen	sek-**sen**
90	doksan	dok-**san**
100	yüz	yewz
200	iki yüz	ee-**kee** yewz
1.000	bin	been
100.000	yüz bin	**yewz** been
1.000.000	bir milyon	**beer** meel-**yon**

AGRADECIMIENTOS

Edición actualizada por

Colaboraciones Jennifer Hattam, Emma Thomson

Edición sénior Keith Drew, Alison McGill

Diseño sénior Laura O'Brien, Stuti Tiwari

Diseño de proyecto Tanvi Sahu

Edición Dharini Ganesh

Iconografía Virien Chopra, Manpreet Kaur, Samrajkumar S, Priya Singh

Diseño de cubierta Laura O'Brien

Documentación fotográfica de cubierta Diana Jarvis

Cartografía sénior James Macdonald

Cartografía Subhashree Bharati, Suresh Kumar

Diseño DTP Rohit Rojal

Diseño DTP sénior Tanveer Zaidi

Retoque de imágenes Pankaj Sharma

Producción sénior Samantha Cross

Responsable editorial adjunto Dharini Ganesh

Responsable editorial Beverly Smart

Edición de arte Gemma Doyle

Edición de arte sénior Priyanka Thakur

Dirección editorial Hollie Teague

Dirección de arte Maxine Pedliham

Dirección de publicación Georgina Dee

DK quiere dar las gracias a las siguientes personas por su contribución en ediciones anteriores: Phoebe Hunt, Melissa Shales, Terry Richardson, Helen Peters.

Los editores quieren agradecer a las siguientes entidades su amabilidad al conceder su permiso para reproducir sus fotografías:

(Leyenda: a-arriba; b-abajo; c-centro; f-extremo; l-izquierda; r-derecha; t-superior)

Adobe Stock: Epic_Images 62t; Givaga 101b; Marius Karp 46tr; Lester120 9tl; Mehdi33300 15bl; MehmetOZB 43br; Mitzo_Bs 71bl; Raul77 36cb.

Alamy Stock Photo: Ayhan Altun 13cl, 23bl, 24tl, 41crb, 51bl, 53t, 72t, 98t; Cedric Angeles 99bl; Art Kowalsky 29t; Blickwinkel 81tl; Joshua Davenport 41bl; Design Pics Inc / Keith Levit / Destinations 14bl; Stephen Dwyer 10cl; Escapetheofficejob 46bl; Mark Eveleigh 104tl; Florilegius 9cra; Tim Graham 105bl; Hackenberg-Photo-Cologne 79br; Have Camera Will Travel / David Coleman 68–69bc; Hemis / Lansard Gilles 28clb; Hemis / Mallet Jean-François 38b; Heritage Image Partnership Ltd / © Fine Art Images 25tc; Peter Horree 83bl; Tolga Ildun 16cra; Image Professionals GmbH / Di Lorenzo; Andrea 13bl; imageBROKER.com GmbH & Co. KG / Martin Siepmann 58b; imageBROKER. com GmbH & Co. KG / Moritz Wolf 34bl; Imago / Michael Bihlmayer 61tr; Jon Arnold Images Ltd / Neil Farrin 56bl; Little valleys 92t; Mccool 9crb; Old Books Images 25b; Stockimo / Gaiba 13cl (8); Sueddeutsche Zeitung Photo / Jose Giribas 93br; Ivan Vdovin 67br; Jan Wlodarczyk 19.

AWL Images: Jon Arnold 6–7, 26bl, 34t, 35tr, 45, 87bl, 102t, 107; Gavin Hellier 12cra; Stefano Politi Markovina 27tl, 88b.

Depositphotos Inc: RuslanKal 40–41t; Scaliger 31tr.

Dreamstime.com: Igor Abramovych 28br; Stig Alenas 9cr; Nikolay Antonov 42–43tr; Bapaume 36bl; Murat Besler 68tl; Sener Dagasan 21cr, 49tl; Evgeniy Fesenko 90bl; Kirk Fisher 70tl; Ihsan Gercelman 76tl; Sadk Güleç 10bl; Ozgur Guvenc 50t; Irinabal18 51tr; Evren Kalinbacak 30br, 82bl; Tetyana Kochneva 16cla; Irina Lepneva 15t; Pavle Marjanovic 36br; Eval Miko 85tl; Mistervlad 15crb; Luba V Nel 32cra; Oskanov 41cb; Kateryna Polishchuk 42cr; Tawatchai Prakobkit 12cr; Oleksandr Ryzhkov 55br; Darko Sreckovic 15c; Tatianatorgonskaya 12crb; Tminaz 13clb; Tomas1111 76–77b; Turfantastik 37t; Vampy1 17br; Wedmoscow 57bc; Xantana 32–33b.

Getty Images: Anadolu 13tl, 62br; Anadolu / Onur Coban 39tl; De Agostini / Dea / Biblioteca Ambrosiana 10tl; Moment / Alexander Spatari 56t; Moment / Ayhan Altun 81b, 91t; Moment / Emad Aljumah 11t; Moment / Mikroman6 8b, 10br; Moment / Salvator Barki 33tr; Moment / Waitforlight 5; Moment Open / Paul Biris 75t; Moment Unreleased / Salvator Barki 52tl; The Image Bank / David C Tomlinson 49br; The Image Bank / Marc Dozier 28bl; The Image Bank Unreleased / Atlantide Phototravel 16bl, 30–31b.

Getty Images / iStock: E+ / LeoPatrizi 67t; E+ / Serts 96b; E+ / South_Agency 13cla; E+ / Ugurhan 1, 96tl; Efired 60–61b; Minemero 102br; Chris-Mueller 54b; Sguler 20bl; Todamo 78tl; Khoubaib Ben Ziou 82t.

Istanbul Naval Museum: 95t.

Pera Museum: 89tl.

Sadberk Hanim Museum: 97tc.

Shutterstock.com: Tatiana Diuvbanova 48b; Gokhan Dogan 22bc, 47bl; Nejdet Duzen 12br; Finn stock 87tr; Frantic00 41br; Tolga Ildun 55tl; Lapas77 22t; M. Nergiz 84bl; Northern Imagery 101tr; Berk Ozdemir 59tl; Alexey Pevnev 73bl; Tekkol 65; Travel Turkey 20cr.

Cubierta

Delantera y lomo: **AWL Images:** Jon Arnold.

Trasera: **AWL Images:** Stefano Politi Markovina cl, tl; **Getty Images:** Moment / Ayhan Altun tr.

Mapa desplegable

AWL Images: Jon Arnold.

De la edición en español
Servicios editoriales Moonbook
Traducción DK
Coordinación editorial Cristina Gómez de las Cortinas
Dirección editorial Elsa Vicente

Impreso y encuadernado en China

Publicado originalmente en
Gran Bretaña en 2007
por Dorling Kindersley Limited
DK, 20 Vauxhall Bridge Road,
London SW1V 2SA, UK

El representante autorizado en el EEE
es Dorling Kindersley Verlag GmbH.
Arnulfstr. 124, 80636 Múnich, Alemania

Copyright 2007, 2025 © Dorling
Kindersley Limited
Parte de Penguin Random House

Título original *DK Top 10 Estambul*
Tercera edición, 2026

ISBN 978-0-241-80685-2

MIXTO
Papel | Apoyando la
silvicultura responsable
FSC™ C018179
www.fsc.org

Este libro se ha fabricado con papel
certificado por el Forest Stewardship
Council™ como parte del compromiso
de DK por un futuro sostenible.
Para más información, visita la página
www.dk.com/uk/
information/sustainability